OS MORTOS LEVAM O CACHORRO PARA PASSEAR?

CONCETTA BERTOLDI

OS MORTOS LEVAM O CACHORRO PARA PASSEAR?

E OUTRAS PERGUNTAS QUE VOCÊ FARIA A UM MÉDIUM SOBRE O COTIDIANO NO MUNDO ESPIRITUAL

Tradução
Denise de C. Rocha Delela

Editora Pensamento
SÃO PAULO

Título original: *Do Dead People Walk their Dogs?*

Publicado mediante acordo com HarpperCollins Publishers, 10 East 53rd Street, Nova York, NY 10022.

Coordenação Editorial: Denise de C. Rocha Delela e Roseli de Sousa Ferraz

Preparação de originais: Maria Sylvia Correa e Denise de C. Rocha Delela

Dados Internacionais de Catalogação na Publicação (CIP)
(Câmara Brasileira do Livro, SP, Brasil)

Bertoldi, Concetta
Os mortos levam o cachorro para passear? : e outras perguntas que você faria a um médium sobre o cotidiano no mundo espiritual / Concetta Bertoldi ; tradução Denise de C. Rocha Delela. – São Paulo : Pensamento, 2011.

Título original: Do dead people walk their dogs?
ISBN 978-85-315-1739-6

1. Espiritismo 2. Mediunidade 3. Médiuns 4. Vida futura – Miscelânea I. Título.

11-05213 CDD-133.91

Índices para catálogo sistemático:

1. Mediunidade : Espiritismo 133.91
2. Médiuns : Espiritismo 133.91

O primeiro número à esquerda indica a edição, ou reedição, desta obra. A primeira dezena à direita indica o ano em que esta edição, ou reedição, foi publicada.

Edição	Ano
1-2-3-4-5-6-7-8-9-10-11	11-12-13-14-15-16-17-18

Direitos de tradução para o Brasil
adquiridos com exclusividade pela
EDITORA PENSAMENTO-CULTRIX LTDA.
Rua Dr. Mário Vicente, 368 — 04270-000 — São Paulo, SP
Fone: 2066-9000 — Fax: 2066-9008
E-mail: pensamento@cultrix.com.br
http://www.pensamento-cultrix.com.br
que se reserva a propriedade literária desta tradução.
Foi feito o depósito legal.

*Em memória da minha adorável mãe, Eleanor Hackett Ferrell,
uma mulher maravilhosa, que sobreviveu a uma infância terrível
e, contra todas as probabilidades, transformou-se numa linda
esposa e mãe. Eu a amarei e lhe serei grata para sempre.*

INTRODUÇÃO

Quando aceitei o convite para escrever e publicar meu primeiro livro, *Os Mortos nos Observam no Chuveiro?**, nenhum título me ocorreu de imediato. Como sou eu quem responde às perguntas, não quem as faz, foi difícil saber a que dar prioridade — havia tantos assuntos diferentes, tantas histórias, que eu não conseguia pensar em nada que, do meu ponto de vista, "resumisse tudo". Mas quando me sentei com minha editora e agente para brindar o novo livro, descobri que ambas tínhamos tido exatamente a mesma ideia com relação ao título. Confesso que adorei a sugestão no ato e, desde que o livro foi publicado, muitos leitores já me disseram que o adoraram também! Pessoas de todos os lugares me escreveram cartas ou enviaram e-mails contando sobre seus encontros no chuveiro ou em outros lugares com fantasmas cheios de vida.

Essa preocupação quanto aos mortos nos observarem quando estamos nus, na verdade, me surpreende muito. Se não é debaixo do chuveiro, as pessoas têm receio de que os espíritos as observem por sobre o ombro (e outras partes do corpo) quando elas estão na cama. Eu de fato me pergunto o que elas fazem para ficarem tão preocupadas com isso! O quê? Têm medo de que a polícia bata à porta, acenando com algemas e gritando, "Pare já com isso! Recebemos uma denúncia de um desencarnado!"?

---

* Publicado pela Editora Pensamento, São Paulo, 2009.

Uma mulher chamada Diane mandou uma mensagem para o meu site:

Muitos anos atrás (25, para ser exata), fui consultar uma médium pela primeira vez para perguntar sobre uma mudança de endereço que planejava fazer, de uma costa a outra do país. Ela imediatamente perguntou se meu pai era falecido. Fiquei chocada e confirmei, dizendo que estava me sentindo muito pouco à vontade porque agora eu tinha a impressão de que ele me observava o tempo todo. A médium respondeu, "Ele disse 'Não se preocupe — não no chuveiro!'". Eu ri porque o comentário era bem típico dele.

Desnecessário dizer, o título do meu livro aguçou a curiosidade de Diane e ela não conseguiu reprimir o desejo de comprá-lo.

É difícil expressar como foi excitante ver meu primeiro livro ser publicado e tão bem recebido. Eu não sei por que escrever um livro era tão importante para mim — uma disléxica que mal conseguia ler direito. Mas eu sempre adorei livros e comprei e li muitos ao longo dos anos, escritos por outros médiuns, principalmente enquanto tentava compreender minhas próprias capacidades psíquicas. Também colecionei, durante muito tempo, livros sobre Marilyn Monroe, que eu adoro. Os livros, portanto, sempre tiveram um lugar especial no meu coração. E o meu abriu as portas para que eu conhecesse centenas de pessoas por meio das palestras que fiz em algumas bibliotecas e livrarias maravilhosas — a livraria RJ Julia, em Connecticut; a Book World, em Caldwell, Nova Jersey, onde havia mais de cem pessoas apesar da chuva torrencial e das inundações que quase obrigaram as pessoas a chegar até lá de barco (eu disse ao meu marido, John, que a minha única plateia seriam os patos, mas estava errada); a Book Loft, em Hackettstown, onde a multidão excedeu a capacidade da livraria e precisamos transferir a palestra para o salão do hotel do outro lado da rua —, só para citar alguns dos vários acontecimentos engraçados. E agora meu livro está sendo publicado em outros países também! Quando John e eu viajamos para a Alemanha no ano passado, estávamos numa livraria em Frankfurt e de repente eu "vi", com o olho da mente, meu livro exposto naquela loja. Tenho certeza de que muitos escritores novatos têm esse tipo de devaneio, mas, para minha enorme surpresa, logo que voltamos para casa, minha agente telefonou para dizer que haviam comprado os direitos de tradução na Alemanha, portanto minha visão logo se tornaria realidade!

Embora eu tenha poderes psíquicos, nunca previ a inacreditável e crescente aceitação que vejo agora do fato de que nunca morremos realmente. Há apenas dez anos, essa ideia teria sido considerada uma excentricidade. Agora, em todo lugar existem livros, programas de TV e filmes cujo assunto é a Vida após a Morte. Claro, alguns deles ainda retratam o mundo espiritual como um lugar sinistro, povoado de espíritos malignos, para despertar a curiosidade, mas muitos assumem uma perspectiva mais realista, mostrando que na verdade não temos nada a temer. Com essa popularidade cada vez maior, as pessoas se sentem mais à vontade refletindo sobre a Vida após a Morte e isso parece ter causado uma enxurrada de perguntas.

Um tema que não foi muito explorado no meu último livro relaciona-se aos nossos queridos amigos de quatro patas. Como você provavelmente já adivinhou ao ler o título deste livro, desta vez quero responder a mais perguntas relacionadas aos animais de estimação.

Portanto, aqui estou eu outra vez para responder a outras perguntas sobre os espíritos, contar mais histórias que testemunhei ou que meus clientes me contaram e compartilhar minhas experiências kármicas com meus amigos e parentes.

Sim, minha sogra continua sendo uma pedra no meu sapato. Sim, ela ainda me trata como uma filha bastarda. Mas, citando a famosa frase de Abraham Lincoln num contexto totalmente diferente, você pode agradar a algumas pessoas uma parte do tempo, pode até agradar à maioria das pessoas a maior parte do tempo, mas não pode agradar a todos o tempo todo. Isso é simplesmente impossível, portanto é melhor nem tentar. Mas, antes de mudar de assunto, tenho algo a dizer sobre minha sogra: para uma mulher de 85 anos, ela tem uma aparência fabulosa! É realmente linda. É verdade. Tenho que admitir.

Tudo bem. Temos muitas perguntas a responder aqui, mas antes eu gostaria de dizer que nunca foi minha intenção deixar ninguém com medo de se abaixar para pegar o sabonete. Um dia eu estava no King's, uma mercearia em Boonton, Nova Jersey, e uma mulher se aproximou de mim e disse, "Você é a Concetta Bertoldi?" Eu disse que sim e ela continuou, "Então, muito obrigada, por sua causa eu agora sempre tomo banho com os dois olhos bem abertos!"

Quanto a mim, quando estou no banho, faço minhas orações — não fico nem um pouco preocupada. *Deus* está com os dois olhos bem abertos.

Os mortos brincam conosco?

Uma vez eu estava fazendo uma leitura espiritual, numa das minhas apresentações para grandes plateias, e a sogra da pessoa em questão fez contato. Ao contrário do que acontece entre a minha sogra e eu, elas tinham sido muito amigas. Quase sempre consigo identificar o espírito perguntando-lhe como ele morreu, pois assim a pessoa com quem ele quer fazer contato pode confirmar a informação. Mas nesse caso, a sogra não queria falar sobre isso de jeito nenhum. Ela só me dizia, "Diga apenas T — ela vai saber o que significa". Bem, eu com certeza não sabia do que ela estava falando. Seria a inicial de um nome? A primeira letra do nome de um lugar? Quem podia saber? Mas o espírito era insistente, então eu disse à pessoa, "Ela está dizendo para eu simplesmente mencionar a letra T, que você saberá o que é". A moça me olhou intrigada. Disse para si mesma, "T? T?" e então riu. "Ah! Já sei! Tea!* Ela está se referindo ao chá. Depois que minha sogra morreu, suas filhas e eu fomos esvaziar a casa, para vendê-la. Na cozinha dela havia caixas e mais caixas de chá-mate! Não de chá preto, nem chá de hortelã, chá-da-índia ou camomila. Não. Toda vez que abríamos um armário da cozinha, havia mais e mais chá-mate! Minhas cunhadas e eu ainda rimos muito ao nos lembrarmos de quanto chá ela tinha". Claro que elas não foram as únicas a

* A pronúncia da letra T e da palavra *tea* (chá, em inglês) é igual nessa língua.

se divertir com isso — a sogra dela, em espírito, estava rindo também.

Acho que até as almas que foram mais sisudas quando estavam na Terra se tornam mais alegres quando chegam do "Outro Lado". Ninguém é igual a ninguém, por isso nem todos os que morrem viram comediantes; mas, quando eles veem a vida como ela é, sob outra perspectiva, passam a não levar as coisas tão a sério. E gostam quando fazemos o mesmo. Uma vez quatro mulheres solicitaram uma leitura em grupo. Elas não eram nem um pouco parecidas, então supus que fossem amigas, não irmãs. Não demorou muito até que vi, de pé atrás delas, o espírito de uma mulher que, segundo me disse, tinha morrido de câncer. Quando perguntei por que ela estava querendo entrar em contato com as quatro, se elas sabiam de quem se tratava, todas assentiram pesarosas e me disseram que ela tinha sido uma colega de trabalho muito querida das quatro e que seu nome era Viola. Viola exibiu um sorriso largo para uma das quatro e eu perguntei a ela, "Por que Viola está me dizendo que você era a mais engraçada da turma? E por que ela está me mostrando isto?" Eu peguei a caneta com a qual autografava meus livros e apontei para ela. Por fim, ela deu um sorriso. Contou-me que, quando Viola ainda tinha condições de trabalhar, às vezes tinha dias muito difíceis e para melhorar o seu estado de ânimo a amiga atirava elásticos nela, com uma caneta. Se Viola estivesse passando por um dia *realmente* difícil, a amiga esvaziava uma caixa inteira de elásticos na cabeça dela! Parece uma coisa tola, mas era um gesto de carinho — e todos nós gostamos de receber esse tipo de carinho, não é mesmo?

Por que os ricos e malvados ficam cada vez mais ricos?

Se olharmos apenas para as evidências externas, é claro que vamos concluir que a vida não é justa! Portanto, não é de surpreender que essa seja uma das perguntas mais frequentes que me fazem. Por que esses sujeitos que tratam todo mundo mal conseguem ser promovidos e ter aumentos de salário? Por que tantos cabeças de vento ganham milhões na mega-sena ou na loteria federal? Por que esse dinheiro não vai para alguém que realmente o mereça? Os ganhadores às vezes nem precisam dele! Por que isso acontece? Bem, o sujeito que consegue a promoção pode estar bajulando o chefe, mas eu sei o que você está querendo dizer com essa pergunta. Sempre parece que os que já têm mais do que o suficiente, recebem mais ainda, muitas vezes sem merecer. Mas eis a resposta: quando você vê alguém que parece já ter recebido muito e não valoriza o que recebe a mais, pode ter certeza de que Deus está dando a essa pessoa outra chance de aprender a lição — que é a de ser mais generosa e ajudar os menos afortunados. Essa é a simplicidade do mundo espiritual — se estivermos prestando atenção, conseguiremos aproveitar muitas oportunidades. Deus não precisa da nossa gratidão; nós precisamos viver a experiência da gratidão. Precisamos da experiência do compartilhar.

Quando compartilhamos, o que recebemos em retribuição é muito mais do que o que damos. Algumas pessoas parecem nunca aprender isso. Mas Deus nunca deixa de lhes dar oportunidades. Eu não sei se chega uma hora, depois de ignorarmos ou deixarmos de aprender uma determinada lição vezes e vezes sem conta, que Deus deixa de nos dar oportunidades de aprendê-la — pelo menos nesta vida. Simplesmente não tenho certeza disso. Sendo humana, prefiro pensar que Ele não age dessa maneira, mas esse é um julgamento meu — *eu* não daria mais oportunidades! —, e não cabe a mim decidir. Cabe a Ele. Nada do que temos aqui neste mundo pertence a nós — nem o nosso carro, nem as nossas roupas, nem a nossa casa, nem a nossa conta bancária. Só o que temos de fato é nosso amor por Deus e uns pelos outros. Se não expressarmos nosso amor compartilhando os chamados bens materiais com as outras pessoas, vamos tirar nota zero no teste e a lição seguinte certamente será mais difícil.

Também precisamos praticar a generosidade de espírito, dando mais de nós mesmos, não só o que temos. Precisamos saber dar e receber. As pessoas que têm dificuldade para receber atraem pessoas que têm dificuldade para dar.

Por que as crianças maldosas que maltratam os colegas nunca recebem o castigo merecido?

Acho que isso é muito parecido com o caso do sujeito que precisa aprender a compartilhar. Elas têm lições que precisam aprender! Se uma criança se comporta de uma maneira grosseira, pelo menos podemos esperar que um dia ela se dê conta disso. Acho que todos nós conhecemos pessoas que aprendem e outras que não aprendem — eu conheço os dois tipos. Tenho um cliente cuja história de truculência e brutalidade eu conheço bem. Eu não o conheci quando criança, mas não é difícil imaginar que ele era um garotinho maldoso e nunca tenha deixado de ser. Tratou a esposa de maneira detestável durante a vida inteira em comum. Era exigente, controlador, não a deixava dirigir, só fazia com que o servisse e gritava com ela o tempo todo. Ele a tratava extremamente mal. Então, quando estava morrendo, a esposa não conseguia nem olhar para o marido; tudo que tinha em mente era que logo estaria livre dele. Ela se despediu do filho, mas nem falou com o marido; ele não entendia por que. Ela morreu, deixando-o na péssima companhia dele mesmo. Agora ele implora para que eu lhe faça leituras mediúnicas. Ele se arrepende de tudo o que fez com ela, lamenta muito, mas agora é tarde demais. Não vai mais conseguir o que quer no plano terreno.

Por outro lado, quando eu era criança, havia um menino na minha classe que era muito grande e forte para a idade. Um verdadeiro brutamontes. Era tão grande que vivia empurrando as outras crianças, e sempre tirava vantagem disso. Então, quando tinha uns 15 ou 16 anos, sua irmã morreu e tudo na vida dele virou de cabeça para baixo, tal foi o choque. Essa perda fez com que ele mudasse. Ensinou-lhe os valores verdadeiros, o que é realmente importante, e depois disso ele se tornou uma pessoa doce e gentil.

Eu não quero que ninguém fique confuso. Em nenhum dos dois casos eu acredito que Deus pretendia infligir algum tipo de castigo ao levar embora alguém que esses indivíduos amavam. (Tenho certeza de que meu cliente achava que amava a esposa, embora tenha feito a vida dela um inferno.) Deus não castiga. Quando a esposa de um e a irmã do outro morreram, isso aconteceu porque a hora dessas pessoas chegou, conforme o karma delas, por razões que só Deus e esse espírito conhecem. Só estou enfatizando que uma pessoa pode despertar e mudar por causa disso e outra pode aparentemente não despertar nesta vida.

Nunca é cedo demais para considerar o débito kármico que estamos atraindo quando tratamos mal outras pessoas. (Quando uma criança tem 13 anos, ou até antes, ela já tem condições de entender isso, e muitas crianças bem pequenas já sabem disso instintivamente.) Ou, de modo inverso, o karma ruim diminui quando tratamos os outros com gentileza. Quando você vê uma criança mimada maltratar outra que é diferente dela ou mais fraca e não ser repreendida por isso, Deus está dando a ela outra chance para demonstrar gentileza. Se ela tiver sorte, isso lhe abrirá os olhos e ela perceberá o quanto seu comportamento é errado e se tornará um adulto mais gentil, consciente e grato pelas muitas oportunidades que recebeu.

Deus também está dando a qualquer um que testemunhe esse comportamento uma oportunidade para defender aquele que está sendo maltratado. Estamos todos juntos nisso — é muito raro que comportamentos como esses passem despercebidos. Qualquer um de nós pode oferecer amizade ou proteção à vítima de uma injustiça.

Por fim, eu gostaria de dizer, sobretudo aos mais jovens, que não têm tanta experiência, para se lembrarem de que as pessoas de mau comportamento sempre querem que você se alie a elas. Se conseguirem que você se comporte como elas, isso fará com que se sintam melhor. Acredite, a pessoa viciada em crack só ficará feliz se deixá-lo viciado também. Eu estava numa festa de casamento uma vez e uma garota com a aparência de uns 17 anos bebeu tanto a ponto de ficar totalmente bêbada. Ela ainda não estava sentindo os sintomas da ressaca que certamente iria ter, por isso estava muito "feliz" e orgulhosa de si mesma. Ela estava com uma garota de uns 13 anos e, evidentemente, tentava convencê-la a beber também. Ela foi até o bar, pegou outro drinque e colocou nas mãos da amiga. É isso o que acontece. E alguém que é cruel também adora quando consegue fazer com que outra pessoa seja cruel também. Quando alguém tenta fazê-lo agir de um modo que você sabe que é errado — para outra pessoa ou para si próprio — você precisa ser muito forte, ser você mesmo, para não ficar confuso quanto a quem é ou para não deixar que o confundam, fazendo-o pensar que as atitudes dessa pessoa são corretas para você. Você precisa ser você mesmo.

Como os espíritos nos avisam que estão nos ouvindo ou estão ao nosso lado?

Não existem realmente limites para as diferentes maneiras como aqueles que estão do Outro Lado nos mostram que estão sempre conosco e sabem que estamos pensando neles. Eles podem nos mostrar sempre a mesma hora num relógio digital. (Eu conheço uma mulher, por exemplo, que se sente compelida a olhar no relógio às 11:11 numa frequência muito maior do que seria normal.) Muitas vezes eles provocam coincidências ou acontecimentos em momentos incomuns que nos fazem olhar para a situação de uma maneira diferente. É algo que eu tenho muita vontade de estudar quando chegar a minha hora (embora eu não esteja ansiosa para que ela chegue!) — descobrir como, exatamente, eles fazem isso. Mas, para dar a você um exemplo, uma vez um casal de irmãos me procurou para uma leitura e, no final, o rapaz me disse que ficou muito impressionado. Essa declaração me fez muito bem — nunca me canso de ouvir que estou fazendo um bom trabalho. Então ele confessou que costumava ser cético. A mãe deles tinha morrido há cinco anos e, três anos antes, a irmã tinha marcado esse horário comigo. Ele tinha dito a ela, na época, que não acreditava em médiuns e que ela poderia ir ao encontro se quisesse, mas que ele não teria nada a ver com aquilo. Os três anos tinham se passado e cerca de dois meses antes do nosso encontro ele teve um sonho muito vívido. Nele, a mãe lhe dizia, "Vá! Vá! Vá!" O sonho foi tão real que ele sentiu que era importante fazer o que a mãe pedia, mas não tinha ideia do que era. Ele entrou no carro e foi até o cemitério para visitar o túmulo da mãe e conversar com ela, pedindo que lhe dissesse o que ela queria que ele fizesse, aonde queria que fosse. Como não ouviu nada, ficou frustrado. Decidiu ver a irmã, contar a ela sobre o sonho e ver se ela tinha alguma ideia do que ele significava. Ele só precisou descrever como a mãe tinha dito enfaticamente para ele: "Vá!"

Uma das minhas clientes, uma jovem de vinte e poucos anos, me disse que a prima morrera quando tinha apenas 23 anos, depois de ter tido um ataque epilético no meio da noite, batido a cabeça e sufocado no travesseiro. Alguns anos mais tarde, depois de ler o meu primeiro livro, ela estava num humor sombrio e duvidando um pouco da ideia de que era possível a comunicação com o espírito da prima. Mesmo assim decidiu fazer uma experiência. Pensou por um instante na prima e, mentalmente, disse, "Tudo bem, Jamie, se você está realmente aqui perto, cuidando de mim, e agora está mais esclarecida, me dê um sinal. Mostre-me um girassol". (Os girassóis eram as flores preferidas da prima.) No dia seguinte, ela estava lendo um livro quando se deparou com a palavra "girassol" na primeira página. O parágrafo seguinte tratava de um "encontro com o transcendente". Mais tarde, nesse mesmo dia, ela viu um novo comercial de TV que mostrava um campo de girassóis.

A avó de minha cliente também tinha passado por uma experiência parecida. Ela tinha pôsteres com fotos de Jamie no quarto todo e, ao longo de todo o ano, depois da morte da neta, não importava o quanto endireitasse os pôsteres na parede, eles sempre ficavam tortos novamente.

Outro cliente meu, "Jim", contou-me que, quando abriu sua empresa de paisagismo, o pai às vezes o ajudava no trabalho. Um dia, quando estavam fazendo buracos para plantar arbustos e árvores, desenterraram uma caixa cheia de garrafas antigas, em perfeitas condições. Jim não era nenhum especialista em garrafas; só as achou bonitas e pensou que podiam valer alguma coisa. (Ele mais tarde descobriu que elas eram do início do século XX.) Como não tinha muito espaço em casa, perguntou ao pai se poderia deixar as garrafas na garagem da casa dele. Com o tempo, acabou se esquecendo delas. Então, um dia, foi a uma feira de antiguidades e viu à venda garrafas iguais àquelas que tinha encontrado — elas de fato custavam caro — e, ao se lembrar de que a maioria delas estava em melhor estado do que as que encontrou na feira, ficou empolgado. Voltou à casa dos pais só para descobrir que as garrafas tinham sido doadas ou jogadas fora. Mesmo sabendo que essas coisas acontecem, Jim ficou chateado e, sempre que surgia uma oportunidade, ele mencionava para o pai as valiosas garrafas que entregara aos seus cuidados e que ele jogara fora. Depois que o pai de Jim faleceu, muitas coisas aconteceram. Primeiro, enquanto cavava um terreno em seu trabalho, mais uma vez Jim encontrou uma antiga garrafa de leite com o nome "Alfred" escrito nela — o nome de seu pai. Em outra ocasião, Jim encontrou outra garrafa. Ela estava toda suja, mas, quando Jim a lavou, descobriu nela a letra "A". Ele perguntou, "Concetta, você acha que é meu pai tentando me devolver as garrafas?" Sem dúvida nenhuma. O pai de Jim encontrou uma maneira diferente de fazê-lo saber que ainda está por perto.

Ainda há outra cliente cuja filha tinha morrido. De tempos em tempos, ela ia visitar o seu túmulo no cemitério. Numa dessas ocasiões, depois de passar algum tempo ao lado da sepultura, ela caminhou de volta para o carro. Ao entrar, reparou que estava segurando um colar quebrado. Ela de fato andava tão distraída que pensou que poderia ter achado e apanhado o colar no caminho para o carro, sem se dar conta disso, pois não tinha nenhuma lembrança de ter se abaixado para pegá-lo. Ela ficou chocada ao ver que ele tinha as letras da palavra Kathy, o nome de sua filha.

O mais importante é notar esses sinais, especialmente se pedimos que eles nos fossem mostrados. Mas mesmo que não tenhamos pedido, ainda precisamos manter a mente aberta, sabendo que eles estarão tentando nos dizer olá de todas as maneiras possíveis. Lembre-se de que não existem coincidências e perceba que, quando elas acontecem e arrancam de nós uma exclamação de espanto ou surpresa, trata-se provavelmente de alguém que amamos tentando nos avisar de que está por perto.

Quando os espíritos tentam entrar em contato conosco, eles demonstram preferir um método em particular?

Não sei por que, mas parece que esses sujeitos desencarnados adoram o rádio. Esse parece ser um dos métodos de que eles mais se valem para mandar um olá para nós, aqui. Já ouvi muitas e muitas histórias dos meus clientes, e vou contar algumas delas...

Um homem que é meu cliente — uma pessoa muito gentil que é cabeleireiro — me perguntou um dia, "Concetta, por que você não me deixa fazer o seu cabelo um dia destes?" Foi assim que ele me contou essa história. Confessou que, na ocasião em que me consultou pela primeira vez, ele era cético. Sua mãe, cujo nome era Rose, havia morrido quando ele tinha 13 anos e sua irmã, 14. Ele era homossexual, mas a irmã mais tarde se casou e teve um filho. Um dia, quando levava o filho de carro até o pediatra, a irmã começou a conversar mentalmente com a mãe, imaginando se ela conhecia seu bebê ou estava a par do que acontecia na sua vida. Nesse mesmo instante, uma antiga canção interpretada pelo cantor Seal começou a tocar no rádio, "Kiss from a Rose". A irmã sorriu, achando tudo uma doce coincidência, e telefonou para o irmão, no trabalho, com intenção de lhe contar o acontecido. Quando o meu cliente atendeu ao telefone, o rádio do salão estava ligado, mas numa estação diferente. Enquanto a irmã contava sobre a engraçada coincidência de ouvir a música com Rose no título, justamente quando conversava mentalmente com a mãe, a mesma música começou a tocar no rádio do salão do meu cliente! Um mistério duplo! Quando ouviu a mensagem da mãe na minha sessão, ele não era mais cético!

Uma jovem me procurou com a mãe, e uma tia de sua mãe, Rose, manifestou-se — mais Roses! — e ficou mencionando a palavra "trapos". Eu sei que parece estranho, mas não costumo inventar coisas, só tento comunicar o que ouço aos meus clientes. Elas não conseguiam imaginar do que a tia estava falando, a que a palavra "trapos" estava relacionada. Eu disse a elas, "Não se preocupem, a sessão está sendo gravada. Vocês podem ouvir a gravação enquanto voltam para casa e provavelmente algo lhes ocorrerá". Eles deixaram o meu consultório intrigadas com o mistério. Não precisaram esperar muito. Quando estavam saindo do carro, a mãe disse, "Já sei! Sei o que tia Rose estava tentando dizer. Lembra-se de quando você e sua irmã eram pequenas e ela costumava prender o cabelo de vocês com tirinhas de tecido para deixá-los ondulados? Ela sempre dizia que vocês pareciam duas bonequinhas de trapos!" Pensando na tia Rose, mãe e filha decidiram ir de carro até o velho bairro onde não iam havia vinte anos. Estavam percorrendo as ruas com o rádio ligado, falando do passado e, justamente quando passavam em frente à antiga casa de tia Rose, começou a tocar no rádio a música "Rag Doll" [Boneca de Trapos], de Frankie Valli.

Outro cliente meu, Mike, disse-me uma vez, "Sabe quando certas lembranças ficam na nossa cabeça, mesmo sem parecer muito importantes? Bem, quando eu tinha 11 anos, recordo-me de que fui de carro à casa dos meus avós, em Fairfield. Lembro-me de que tinha acontecido um acidente de avião e no rádio Bon Jovi cantava a música 'Always'". A canção, aquele dia e os avós simplesmente ficaram associados na sua cabeça e era uma daquelas lembranças estranhas que vinham à tona de tempos em tempos. Ele continuou me contando, então, que no ano anterior a avó tinha morrido. Ele foi ao enterro e, enquanto acompanhava o cortejo fúnebre, estava pensando nela e pedindo-lhe para que enviasse um sinal de que ainda estava por perto. Depois disso, ele entrou no carro e foi para casa, enquanto no rádio começava a tocar a mesma canção: "Always".

Se queremos transmitir uma mensagem a um ente querido falecido, como vamos saber que ele a recebeu?

Diz a Bíblia que basta pedir para receber. Temos a palavra de Deus quanto a isso. Se você quiser ter certeza de que a sua mensagem chegou ao destino, simplesmente peça a Deus. Se fizer isso enquanto reza, ou pedir suavemente em voz alta enquanto caminha pelo seu lugar favorito, ou apenas pedir mentalmente, não importa. Deus sabe. É tudo o que você precisa saber.

O Dia de Finados é de fato a data certa para fazer contato? Eles realmente voltam à Terra nesse dia?

Essa é a crença no México e em vários outros países do mundo. Acredita-se que no dia 2 de novembro, o Dia dos Mortos, todos aqueles que morreram voltam à vida. Em alguns lugares, o dia 1º de novembro é chamado Dia dos Anjinhos, e aqueles que perderam um bebê recordam-se dele nesse dia e lembram-se dos adultos falecidos no dia seguinte. As pessoas levam flores e os pratos preferidos do finado até a sepultura e deixam-nos ali para que o morto possa apreciar essa refeição especial. (Para as crianças levam-se brinquedos e doces tradicionais). Se não for possível ir até o lugar onde a pessoa está sepultada, monta-se um altarzinho com fotos do falecido — muitas vezes colocam-se ali um crucifixo ou uma imagem religiosa, talvez de um santo ou da Virgem Maria, flores (especialmente cravos-de-defunto, que por tradição são usados com essa finalidade), velas — e põe-se ali o prato preferido do morto, e talvez uma garrafa de tequila ou de outra bebida. Uma decoração popular também usada como guloseima são os pequenos crânios de chocolate ou açúcar, que simbolizam a morte e o renascimento. As celebrações do Dia de Finados são muito antigas — remontam a quase três mil anos entre os astecas, olmecas e zapotecas, e outros povos indígenas. Versões mais modernas são celebradas no Texas e no Arizona (EUA).

Diferentes países também celebram os finados numa variedade de formas. Na Guatemala, eles fazem e empinam enormes pipas. No Haiti, música e toque de tambores são uma grande parte da celebração — eles tocam muito alto a noite toda para literalmente despertar uma entidade que chamam de deus dos mortos. Na Bolívia, os mortos são lembrados no dia 9 de novembro, numa data chamada de *El Día de los Natitas*, o Dia dos Crânios. Em todos os lares costuma-se encontrar o crânio de um ancestral, que protege a família. No dia 9 de novembro, esse crânio é enfeitado com flores e se fazem oferendas de comida, cigarros e folhas de coca, entre outras coisas. Os chineses fazem coisas completamente diferentes no seu Festival Qingming [Festival Claro e Brilhante]. Eles celebram na primavera — geralmente no dia 4 ou 5 de abril —, passando o dia ao ar livre e apreciando os cenários verdejantes da nova estação; ao mesmo tempo, dirigem-se às sepulturas dos entes queridos.

Mas, com respeito especificamente à pergunta sobre o Dia de Finados, os mexicanos sempre foram extremamente ligados aos familiares — tanto aos vivos quanto aos mortos. No entanto, depois da revolução de 1910, qualquer expressão espiritual desse tipo passou a ser feita clandestinamente. Aparentemente o governo as considerava retrógradas ou supersticiosas, embora os próprios políticos costumassem prestar homenagens aos parentes mortos dessa mesma maneira. O fato é que você pode reprimir esse tipo de expressão amorosa, mas não pode exterminá-lo. A data foi considerada "inaceitável" publicamente, mas mesmo assim foi praticada a portas fechadas, por assim dizer. E não só no dia 2 de novembro, quando todos os finados recebem homenagens. Todo membro da família também é lembrado no dia do aniversário da sua morte. A família se reúne e decora a casa com flores e fotografias do morto. Pode haver uma urna com as cinzas do falecido, caso essa pessoa tenha sido cremada em vez de enterrada. A família faz uma refeição composta dos pratos favoritos dos entes queridos. Às vezes trata-se de um simples jantar em família, realizado numa atmosfera de reverência; noutras vezes, trata-se de uma festa completa.

Como vivo dizendo, os mortos estão *sempre* conosco, não apenas no dia 2 de novembro. Mas essa é uma data escolhida em que a memória deles é honrada e celebrada. Se eles literalmente voltam à vida nesse dia? Eles estão sempre "literalmente vivos" na forma espiritual.

O que você pensa do Halloween?

O Halloween é uma celebração muito antiga em algumas partes do mundo. Nos Estados Unidos, ela é mais uma festa para as crianças — elas esculpem abóboras, vestem fantasias, fazem festas, batem de porta em porta pedindo doces e voltam para casa com as mãos cheias deles. Mas o Halloween propriamente dito não era sequer celebrado até o século passado. Não era nada muito importante. Ele sofreu algumas inovações muito boas — na Irlanda costumavam esculpir um rosto num nabo; nós preferimos as abóboras, pois é muito mais fácil colocar uma vela dentro de uma abóbora e fazê-la ficar de pé na varanda! Mas os dias mais importantes, na tradição cristã, são o Dia de Todos os Santos, em 1º de novembro, e o dia de Finados, no dia seguinte, quando se homenageiam os "crentes que já se foram". O engraçado é que *El Día de los Muertos*, no México, é uma tradição que tem um "peso" muito maior para o povo, mas agora a celebração com base nas tradições norte-americanas está cativando as crianças e elas se fantasiam e vão de porta em porta, dizendo — em vez de "Travessuras ou guloseimas!" — "*Noche de brujas*!", que significa "Noite das Bruxas!"

Quando eu tinha 5 ou 6 anos de idade, meu irmão Harold e eu tínhamos essas fantasias baratas de Halloween, compradas em lojas — daquele tipo que é uma peça só; você veste por baixo e amarra na nuca. Eu nem consigo me lembrar qual era a minha, mas a do Harold era uma fantasia vermelha de diabo. Harold, que era onze meses mais velho do que eu, ficou simplesmente petrificado ao ver sua máscara. Ele chorava sem parar e minha mãe, que estava tentando nos fazer sair para ir a uma festa, disse, "Você não precisa usá-la". E eu, pequena como era, lembro-me de ter dito a ele, "Ela não vai machucar você". Não sei como eu sabia, e não tinha nem palavras para expressar isto, mas sabia que ele era uma criança abençoada e que nada maligno como um demônio poderia machucá-lo. Eu entendia isso, mesmo naquela idade, embora não conseguisse dizer exatamente o que significava.

Será que minha bisavó detesta meus piercings?

Se você é um ser humano decente e faz a coisa certa na Terra, os que estão do Outro Lado não vão olhar para as suas tatuagens e piercings e julgá-lo mal por isso. Para eles, tudo o que fazemos aqui deste lado para nos sobressair ou para nos enturmar é apenas diversão. Eu, pessoalmente, gosto de usar peças de bijuterias grandes, mas a maioria em lugares não muito originais do meu corpo. Se uma pessoa quiser ser mais criativa nesse sentido — usando sete brincos numa orelha e uma dúzia na outra, uma argola ou duas no umbigo, no nariz ou onde quer que seja (acredite, já ouvi falar de lugares *muito* criativos em que as pessoas põem piercings, mas não vou mencioná-los aqui), a sua bisa que bateu as botas não vai dar a mínima. Se ela estivesse viva, talvez se importasse, porque poderia não entender ou talvez achasse que não ia fazer bem para a imagem da família, sei lá. Mas do Outro Lado, eles não fazem muito caso disso. Se você tem tatuagens dos ombros até os punhos, a sua falecida bisa pode preferir que você use mangas compridas ao ir trabalhar, mas só porque está preocupada com a possibilidade de alguém julgá-lo mal e impedir que você seja levado a sério e progrida na sua carreira ou coisa parecida. Não tem nada a ver com a opinião pessoal dela de que você não deveria ter tatuagens.

Como um médium sabe que a informação que ele está transmitindo ao cliente é verdadeira?

Bem, em primeiro lugar, a pessoa para quem estou fazendo a leitura geralmente é capaz de confirmar se o que estou dizendo está certo ou não. Tenha em mente que eu só estou repetindo o que ouço. Não estou inventando coisas. Mesmo que pareça que estou, isso não é verdade. Por exemplo, eu tive uma cliente cuja mãe morreu e ela veio me consultar três vezes. Tanto na primeira quanto na segunda vez, a mãe mencionou, junto com muitas outras coisas, o nome Helen. Minha cliente insistiu em dizer que ela não fazia ideia de quem Helen poderia ser, mas essa pessoa sem dúvida era importante para sua mãe, especialmente se levássemos em conta que ela tinha repetido esse nome nas duas ocasiões. Como eu disse, era a mãe dela que tinha mencionado o nome Helen, não eu. Mesmo assim, eu sabia que a minha cliente ainda estava em dúvida, pois ela tinha certeza de ter conhecido ou ao menos ouvido falar de todos na vida da mãe. Por fim, na terceira vez que essa mulher veio a uma consulta, ela disse, "Ah, Concetta, descobri por que minha mãe vive mencionando o nome Helen! Eu estava mexendo em algumas coisas dela e descobri um anel com a inscrição 'Para Helen, de John'. Junto com o anel estava um cartão endereçado a minha mãe que dizia, 'Eu gostaria que você guardasse isso'. Portanto, pelo menos parte do mistério está resolvida". Mesmo que não saibamos, os espíritos sabem do que estão falando. Eu rezo para que só esteja transmitindo informações verdadeiras. Confio nas minhas orações e confio nos espíritos. São eles que merecem todo crédito por "fazer tudo dar certo". Eles são muito bons nisso; conseguem dar nó em pingo d'água! Nem todos são espirituosos; alguns são tão chatos quanto as pessoas por aqui. Mas eu *confio* neles!

Os mortos podem mentir às vezes?

Não. Eles não têm nenhum motivo para mentir. O que eles ganhariam com isso? Antes de mais nada, a comunicação com o Outro Lado é totalmente telepática e, portanto, não poderia ser mais transparente. Todo mundo sabe o que todo mundo está pensando, por isso mentir seria absolutamente impossível. Brincar? Sim. Fazer piada? Sim. Mas mentir? Não, não é possível. Agora que penso nisso, como telepaticamente todo mundo entende todo mundo, talvez no outro plano sejamos capazes de entender todas aquelas piadas idiotas que não faziam nenhum sentido para nós antes!

Se uma pessoa mentiu ou traiu outra quando estava na Terra, depois que morre ela não virá aqui para fazer uma confissão ou para explicar seu comportamento. Talvez seja capaz de me transmitir alguns detalhes importantes sobre a situação, mas é bem mais provável que ela simplesmente expresse remorso ou diga que lamenta muito.

Qual foi o lugar mais estranho em que você recebeu a visita de um desencarnado?

Eu estava no banheiro de um restaurante uma vez, sentada no vaso, fazendo xixi, quando um espírito começou a me dizer que tinha uma mensagem que queria que eu transmitisse à irmã. Isso foi em 1981, e eu ainda não trabalhava com o público. Embora tenha uma personalidade naturalmente extrovertida, eu ainda não tinha assumido meu dom e não me sentia à vontade dizendo a um estranho, "Oi, eu sou médium e tenho uma mensagem para você". De qualquer maneira, eu acabei de fazer o que precisava, subi a calcinha e, quando estava saindo do cubículo vi uma garota parada de pé diante da pia, lavando as mãos. Tomei coragem e disse, "Com licença, o seu nome é Cheryl? Ou algo que comece com C?" Ela disse, "Não é Cheryl, é Cathy, mas começa de fato com C". Eu disse, "Ok, bem, eu sinto que preciso te dizer uma coisa. A sua irmã quer que você saiba que ela a ama". Para ser sincera, eu não me lembro exatamente da reação da moça — se ficou chocada ou meio descrente. Tudo o que me lembro é de que ela disse que era muito bom saber disso, porque a irmã tinha morrido recentemente e elas tinham tido uma briga um pouco antes e ela estava se sentindo muito mal por causa disso.

Os desencarnados sentem falta dos seus pratos preferidos?

Na forma espiritual, não consumimos nada — nada de comer nem de beber. Simplesmente não precisamos, pois somos extracorpóreos (um jeito extravagante de dizer que não temos corpo). Contudo, de fato temos lembranças dos pratos deliciosos que comemos aqui e certamente nos recordamos também das comidas de que mais gostávamos. Numa das minhas apresentações, um espírito entrou em contato com a família e me pediu para perguntar a eles sobre alguns biscoitos que traziam consigo. Eu disse, "Vocês trouxeram biscoitos com vocês, em homenagem ao seu pai?" Eles primeiro me olharam intrigados e depois lembraram que tinham trazido alguns biscoitos numa sacola e começaram a rir. Não tinham pensando no pai, só tinham trazido alguns para o caso de quererem um lanche. Mas o pai sabia dos biscoitos e essa foi a maneira que encontrou de fazê-los saber que era de fato ele quem estava ali, pois era conhecido quando vivo pelo seu gosto por doces.

Os desencarnados se preocupam com o estado de saúde dos seus entes queridos vivos?

Claro, eles se preocupam, em todos os sentidos. Pode ser no sentido de tranquilizá-los, de dizer a um ente querido que suas preocupações são infundadas, que o problema de saúde que ele está enfrentando é passageiro e que tudo acabará bem. Ou pode ser no sentido de alertá-los. Muitas vezes um espírito me pede para transmitir a um cliente que ele não quer que essa pessoa fume ou que ela deveria fazer mais exercícios físicos. Quando eu tinha por volta de 48 ou 49 anos, estava num bar fazendo uma happy hour numa sexta-feira depois do expediente de trabalho. Na extremidade oposta do bar havia um jovem com algumas menininhas em torno. Bem, não eram exatamente "menininhas", mas tudo é relativo — elas eram mais novas do que eu. Enquanto fiquei ali, só observando a cena, ouvi um sujeito desencarnado falar comigo; ele queria que eu fosse falar com o tal jovem rodeado de garotas. Era o pai dele, e insistia para que eu fosse falar com o filho. Ele me disse que fora alcoólatra e queria dizer ao filho que não gostaria que ele ficasse bebendo num bar. Para dizer a verdade, eu não tinha vontade nenhuma de me levantar dali e ir falar com um cara que não fazia ideia de quem eu era e tentar dizer a ele algo desse tipo. Mas o pai era muito insistente.

Por fim, vi que não havia outro jeito. Então fui até onde estava o rapaz e as amigas e disse, "Você não me conhece, mas eu sou médium e o seu pai enviou uma mensagem para você, e ele de fato insistiu muito para que eu a transmitisse". Conteilhe o que o pai dissera. Eu disse, "Ele está dizendo que lamenta muito por ser como era. E não quer que você faça o mesmo". Foi muito embaraçoso, para dizer o mínimo. Depois disso, eu simplesmente voltei para o meu lugar.

Um pouco mais tarde, passei os olhos pelo bar e vi o jovem de cabeça baixa e as garotas em torno dele, como se quisessem saber se ele estava bem. Eu me senti um pouco mal, mas tive que dizer a ele o que o pai dissera. De qualquer maneira, depois de um tempo, as amigas vieram até onde eu estava e me perguntaram quem eu era. Disseram-me que ele estava realmente aborrecido. Então me relataram a história que ele lhes contara. O pai dele tinha sido um alcoólatra inveterado, que causara um verdadeiro caos na família. Depois de uma bebedeira do pai, o rapaz tinha dito à família, "Chega. Não quero mais saber de você. Você não é mais meu pai!" Logo depois disso, o pai se embebedou novamente e se envolveu num acidente que o matou. O jovem estava se sentindo muito culpado por ter renegado o pai um pouco antes de ele morrer. Por causa do sentimento de culpa, ele tinha começado a beber até ficar letárgico e provavelmente causaria a própria morte — assim como o pai. Este, naturalmente, estava se sentindo muito infeliz. Ele não estava irritado com o filho, ele compreendia. Mas estava preocupado e queria alertá-lo, da maneira que pudesse.

Se eu for passar por uma cirurgia, os meus entes queridos do plano espiritual podem me ajudar?

Sim, qualquer pessoa que amamos e que tenha desencarnado torna-se parte da equipe dos nossos anjos guardiões, por assim dizer, e nos ajudam da maneira que podem. No mundo espiritual, todos são oniscientes e estão com Deus, são um só com Deus, portanto tanto eles quanto Deus estão conosco.

Tenha em mente que você vai entrar num estado subconsciente, por isso estará mais apto a se conectar rapidamente com o espírito — a anestesia nunca é um empecilho para isso. Ela não fará nada senão ajudar você, pois o tirará do seu estado de vigília normal do plano físico. Procure levar consigo algum objeto pequeno que simbolize a sua ligação com Deus e com o espírito, seja o que for que você pense sobre isso, não importa se uma imagem da Virgem Maria com uma prece, uma estrela de Davi ou uma estatueta de Jesus, Buda ou São Miguel Arcanjo ou qualquer outra que lhe traga paz. Também pode ser qualquer objeto que o faça se lembrar de outra pessoa, especialmente de alguém que agora está na forma espiritual. (Eu tenho uma coisinha que pertenceu ao meu irmão Harold e que uso nesses casos.) Supondo que você não se importe que outras pessoas vejam o objeto ou o peguem, deixe-o próximo à sua cama enquanto se recupera. Você não vai precisar de fato desse objeto, ele é só simbólico, uma lembrança da sua paz de espírito. Depois simplesmente peça para que o plano espiritual esteja com você, diga aos seus anjos guardiões que você quer o conforto que eles podem lhe dar e que também quer acordar da anestesia se sentindo bem e fortalecido.

Quando uma pessoa está sob efeito de anestesia, para onde a alma dela vai? Ela pode, enquanto isso, entrar em contato com seus entes queridos do Outro Lado?

Sim, com certeza pode. Pois, quando estamos num estado semiconsciente, a nossa mente consciente descansa e a inconsciente se eleva. Nesse estado, é muito fácil entrar em contato com os espíritos. Somos capazes de sair do corpo — é a nossa alma em sua forma energética pura —, enquanto permanecemos conectados a ele por meio de um cordão de energia. Nessa forma, entramos em contato com outras formas de energia extrafísicas, como nossos entes queridos que já se foram, que podem nos tranquilizar com relação ao nosso processo de cura.

Os desencarnados podem literalmente nos salvar quando estamos correndo risco de vida?

Sim, claro que podem. Acontece o tempo todo. Por exemplo, muitas vezes recebo mensagens dizendo aos meus clientes para verificar alguma peça no carro — como um problema nos freios ou coisa assim. O espírito está tentando evitar que uma pessoa querida sofra um grave acidente. E sempre ouço histórias sobre um ente querido que salvou um cliente, evitando, no momento certo, que ele sofresse ou causasse uma colisão. Pouco tempo atrás uma das minhas clientes me contou que sua prima, cuja irmã tinha morrido, estava dirigindo de maneira imprudente na autoestrada. Num segundo, ela fez uma manobra perigosa e perdeu o controle do carro, a 120 quilômetros por hora. Ia bater de frente num muro de concreto quando viu a irmã falecida bem em frente ao seu carro, vestindo a roupa com que tinha sido enterrada. Depois disso ela só se lembra de estar parada na grama, sem um arranhão, a uns quatro metros do muro. Esse tipo de situação é na verdade muito comum.

Meu neto Alexander, de 8 anos, é um belo garoto. Ele chama a mim e ao John de Vovô e Vovó da Pá Virada, porque uma vez, quando estávamos fazendo uma visita, John estava sendo irritante e eu lhe disse, "Você é da Pá Virada!" Alexandre achou aquilo a coisa mais engraçada do mundo e riu a valer. Então, depois disso, foi assim que ele passou a nos chamar. Mas, voltando à história, apesar dos nossos apelidos engraçados, eu nunca entendi por que Alexander nunca se sentiu muito à vontade comigo. Sou uma pessoa bem acessível, se posso falar assim de mim mesma, mas ele sempre me pareceu um garoto nervoso e distante.

Como descobri depois, o fato é que Alexander sempre foi capaz de ver espíritos, sempre recebeu visitas deles e, na verdade, isso o deixa apavorado. Ele também tem plena consciência de que as outras pessoas não veem o que ele vê. Em torno de dois anos atrás, ele finalmente disse à mãe, Darlene, "O que você faria se eu dissesse que vejo coisas?" Darlene lhe perguntou, "O que você vê?" Ele explicou que via pessoas, fantasmas. Eu sempre digo às pessoas — e Darlene já me ouviu falar isso muitas vezes — "Não demonstre medo. Se fizer isso, as visitas irão embora". Então, Darlene disse, "Quer saber de uma coisa? A Vovó da Pá Virada os vê também!" Desde esse dia Alexander mudou comigo. Ele sabe que temos a mesma capacidade e que eu nunca vou achar estranho quando ele me contar o que vê.

Uma vez, sua irmã, Julia, que tem 6 anos, caiu da escada íngreme do porão e bateu os joelhos no chão de concreto. Assustada, ela deu um grito. Darlene quase morreu de susto. Ela gritou, "Ai, meu Deus!" e correu para ajudar a garotinha, achando que tinha que levá-la ao pronto-socorro — ou pior. Mas não havia literalmente nenhuma marquinha na sua pele. Ela estava completamente bem. Alexander, que tinha visto o tombo e testemunhado a intervenção dos espíritos, disse, "Eles a colocaram no chão. Seguraram a minha irmã enquanto ela caía. Você acredita em mim, não é?"

E muitos anos atrás, quando eu tinha apenas 4 meses de idade (essa história quem me contou foi minha mãe) e meu irmão Harold tinha 1 ano e três meses, ele caiu de uma janela do terceiro andar do condomínio onde morávamos. Foi um acidente terrível — ele bateu no peitoril de todas as janelas enquanto caía e aterrissou violentamente na calçada de concreto, quebrando praticamente todos os ossos do corpo. A ambulância chegou, removeu-o e ele foi declarado morto no hospital. Ele tinha uma etiqueta presa ao dedão do pé com a inscrição Bebê Ferrell. Minha mãe caiu em desespero — ela só tinha 22 anos. Sentiu-se culpada, como se o acidente tivesse acontecido por falha dela e, evidentemente, não conseguia aceitar que seu filho estivesse morto. Meu avô por parte de pai tinha a mesma capacidade mediúnica que eu e lhe disse, "Não se preocupe. Ele vai sair dessa, e não vai ficar com nenhuma cicatriz". Como isso era possível só o plano espiritual sabia. Minha mãe, na época, não sabia nada sobre as capacidades psíquicas de meu avô — não era um assunto que se comentasse na família. Ela provavelmente pensou que o meu avô estivesse louco. Atirou-se sobre o corpinho de meu irmão e, ao fazer isso, viu uma pequena lágrima no canto do olho dele. Ela gritou para os médicos, "Por favor, examinem o meu filho de novo!" Eles examinaram e ficaram impressionados ao descobrir que ele não estava morto afinal de contas. Harold passou seis meses no hospital, mas, como o plano espiritual previra, ele não ficou com nenhuma sequela, nem uma marquinha, depois de cair do terceiro andar e quebrar todos os ossos.

O que acontece no caso de uma pessoa matar alguém acidentalmente? Isso é considerado assassinato?

A princípio, eu diria que não, mas essa é uma das perguntas mais difíceis que me fazem, pois como você sabe, não acho que existam coincidências (algo fora do comum que acontece sem nenhum motivo), por isso sou obrigada a dizer que, em caso de morte acidental, a pessoa que morre sabia que sua vida acabaria desse modo. Talvez não soubesse exatamente em que circunstâncias, mas ela concordou em deixar este plano por volta dessa idade para levar a cabo uma determinada lição — não para si mesma, necessariamente, mais provavelmente para a pessoa que causou o acidente — e tinha pelo menos uma ideia geral de que lição era essa. Toda circunstância importante da nossa vida tem razões kármicas. Trata-se de um acontecimento compensando outro, anterior, e oferecendo uma lição para os envolvidos. Isso não quer dizer que a pessoa que morreu tenha consciência, enquanto ainda está na matéria, de que tudo faz parte de um plano. E a pessoa que causa o acidente também acredita que foi um acidente, pelo menos a maior parte do tempo, muito embora tenha concordado em nascer nesta vida para desempenhar esse triste papel. Para todos os envolvidos, a morte parece ter sido um acidente. Só posso dizer, com base em toda a minha experiência de comunicação com o Outro Lado, que não é o que parece.

Já passei muitas vezes pela experiência de fazer uma leitura para alguém que se viu nesse tipo de circunstância. Num desses casos, tratava-se de um homem que matou acidentalmente um dos colegas de trabalho com uma peça de maquinário pesado. Em outro caso, de que me lembro com detalhes, uma mãe ficou completamente arrasada por ter atropelado o filho de dois anos, que passou atrás do seu carro enquanto ela dava ré. Eu me senti tão impotente nessa leitura! Eu não podia fazer nada porque estava extremamente tocada pela dor dessa mulher. Não conseguia lhe dizer nada que a consolasse, como afirmar que Deus sabia da sua dor e confusão, que tudo tinha um propósito. Para ela, tinha sido um acidente e, no entanto, a culpa que sentia era insuportável. No meu coração, eu sabia que a morte da criança dessa maneira não era coincidência, mas qual era o seu propósito, qual era a lição, isso eu não posso imaginar.

No caso de um desastre de avião ou de um acidente de trem grave, em que muitas pessoas morrem ao mesmo tempo, trata-se de algo "planejado" pelo plano espiritual?

Sim, e mais uma vez repito, sempre existe uma razão. Nada é por acaso. Num caso como esse, em que um acidente tira a vida de muitas pessoas ao mesmo tempo, sempre existem razões kármicas relacionadas a cada indivíduo. E, além disso, essas pessoas também tinham um karma em comum. Elas irão se conhecer do Outro Lado e ao longo de muitas outras vidas. Um acontecimento como esse tem camadas de significado. Ele não está relacionado apenas ao piloto ou ao maquinista do trem ou aos passageiros. Também tem a ver com as pessoas que fazem parte da vida deles e que igualmente serão afetadas pela morte de cada um, de uma maneira ou de outra. Você pode chamar isso de efeito dominó. Pode ser um acontecimento como o 11 de setembro ou um ônibus explodido por um terrorista. Suas consequências não se limitam aos diretamente envolvidos, a essa ocasião, a esse dia — elas continuam por vidas inteiras, no plural.

Eu diria que existem ainda razões kármicas para cada pessoa que "perdeu o avião" ou que "toma diariamente um trem", mas naquele dia não perdeu ou não tomou. Nada é coincidência. A coincidência nada mais é do que Deus permanecendo no anonimato.

O que é a verdadeira espiritualidade?

A verdadeira espiritualidade é viver em parceria com Deus e confiar que o espírito se manifeste, orientando nossos pensamentos, nossas palavras e nossas ações. Mais do que outro poder de qualquer tipo na Terra, Deus é o maior de todos.

Seu amor é maior do que a lógica, maior do que o dinheiro, maior do que a força.

Pessoalmente, não atingi ainda a verdadeira espiritualidade. Não acho que ainda estaria aqui se tivesse atingido. Todo mundo neste plano, com bem poucas exceções, ainda está se esforçando para isso. A frustração é quando eu distingo o certo do errado e ainda assim não consigo parar de agir errado. É nesse ponto que estou agora, nesta vida em particular. Eu sei a diferença no meu coração, mas sou humana, não divina, e ainda cometo erros. Dizem que a ignorância é uma bênção, mas eu não sou ignorante. Eu não estou feliz.

Os mortos passeiam com o cachorro?

As almas do Outro Lado estão na companhia de seus cães — ou gatos, ou furões, ou seja qual for a criatura que tenham cuidado e amado aqui na Terra. No entanto, seus animais queridos nunca mais vão precisar de uma coleira. O Outro Lado é um lugar de perfeição. Não é a sobrevivência do mais forte. Nós caminhamos entre "feras selvagens" e elas caminham entre nós. É absolutamente natural chorar a perda de um animal de estimação quando ele morre. Principalmente pessoas que não têm filhos ou vivem longe da família ou dos amigos — os animais de estimação de fato fazem parte da nossa família —, e talvez eu não devesse dizer, mas podem ser até mais queridos, pois quem pode resistir ao amor sem cobranças? Mas é verdade: essas criaturas que amamos enquanto vivemos na Terra voltam a se reunir a nós no Céu.

Todos os nossos animais de estimação ficam conosco no Céu ou só os nossos favoritos?

Os nossos animais de estimação são dádivas de Deus e as dádivas de Deus não desaparecem simplesmente em pleno ar. Todas voltam para nós e convivem conosco no plano espiritual.

Se houve um animal de estimação de que gostei mais do que todos, os meus outros animais vão aceitar isso sem tristeza ou vão ficar ressentidos?

Eles ficarão entusiasmados! Você tem de se lembrar de que o Outro Lado é total perfeição. É só na Terra que cultivamos sentimentos como o ciúme. Nada desse tipo existe no plano espiritual. TODAS as criaturas rejubilam-se com Deus TODO-poderoso.

Acho que tenho mediunidade e minha igreja não aprova esse tipo de coisa. Existe alguma razão para eu temer essa capacidade?

Acho muito interessante. Parece que as coisas que mais tememos são as que não conhecemos ou não entendemos. É difícil para mim falar sobre isso, porque é um assunto que entra no terreno da crença religiosa de algumas pessoas, e eu acho que todo mundo tem direito de acreditar no que quiser, prestar culto do jeito que quiser, contanto que não ninguém seja prejudicado por essas crenças ou por esse culto. Mas de fato acredito que se as pessoas soubessem o que eu sei sobre o Outro Lado, elas perceberiam que a mediunidade não tira nada da religião. Essa capacidade, como qualquer outra, vem de Deus. Deus é todo-poderoso e nos supre de todas as coisas. Não existe nada na Terra que não venha de Deus, portanto isso inclui a minha capacidade (e a sua!) de fazer contato com os espíritos que vivem no reino eterno além da vida no corpo físico. Nós simplesmente tendemos a temer o que não conhecemos — seja a morte ou o resultado de um exame. Ou, às vezes, é apenas a terminologia que faz a diferença entre o que é aceitável e o que é "ruim" ou "proibido". Por exemplo, pode ser verdade que certas religiões não aceitam o termo "mediunidade", mas elas se sentem muito à vontade com a ideia de "profetas". E para deixar bem claro, eu não estou dizendo, de maneira nenhuma, que sou um "profeta". Mas sei que um profeta é alguém que recebe mensagens de algum modo — às vezes em sonhos ou de outro jeito que a Bíblia nem deixa claro — e pode divulgar o que vai acontecer, ou recebe e transmite uma pequena parte do plano de Deus para uma pessoa em particular ou para um grupo de pessoas numa época em particular. A mensagem pode ser diferente, geralmente mais importante do que o tipo de mensagem que alguém como eu pode ouvir de um membro falecido da família de um cliente. Mas os meios pelos quais essa mensagem é recebida podem não ser tão diferentes. Não posso dizer quantas vezes um dos meus clientes me contou que teve um sonho vívido que o ajudou a entender alguma coisa ou o alertou de algo ou lhe transmitiu uma mensagem que ele precisava ouvir — e essas pessoas nem se consideram médiuns, muito menos profetas! Às vezes as mensagens que eu recebo são coisas que meus clientes podem fazer, que podem protegêlos de alguma maneira, mas outras vezes elas de fato não são capazes disso. São simplesmente confirmações de que o espírito é quem diz que é, pois ele sabe coisas que o cliente pode confirmar. Então, eu admito que a importância da mensagem é realmente limitada àquela pessoa apenas, mas de qualquer maneira não lhe causa nenhum mal. E tenho que admitir, diante das evidências, que a intenção por trás de um ente querido falecido ao se comunicar desse jeito, é apenas fazer com que a pessoa se sinta bem.

Acho, basicamente, que as pessoas precisam aprender a fazer uma distinção entre bons médiuns e médiuns mal-intencionados, em vez de colocar todos eles no mesmo balaio. Até mesmo na Bíblia, Deus alerta contra os falsos profetas, não é? Então use o seu bom senso. Se você vir uma grande mão de néon vermelho com as palavras "Consultas mediúnicas por $5" ou consultar alguém que peça um carrinho de mão cheio de dinheiro, ou uma torradeira, uma fronha ou o que quer que seja, é melhor pensar duas vezes. Há uma boa chance de esse indivíduo ser um charlatão ou, como eu costumo dizer, um "médium de calçada". Eu gostaria de poder dar uma resposta mais precisa a esse respeito, mas realmente não quero me opor às crenças religiosas de ninguém. Seria como dizer que "sou uma autoridade superior" para contradizer o que a igreja de alguém lhe ensina. Tudo o que posso fazer é falar por mim mesma e dizer que, como Deus é minha testemunha, no meu coração, só estou tentando fazer o bem, um trabalho amoroso e positivo, com a capacidade que me foi concedida. Acho que, se você tiver essa capacidade, esse é o teste que deve aplicar em si mesmo. Contanto que não seja algo negativo, pessoalmente não ligo para o nome que as pessoas me dão ou para o que eu faço.

Existe algum meio seguro de nos livrarmos da energia negativa presente na casa de uma pessoa ou em volta dela própria?

Na verdade não precisamos de defumações, incensos, velas ou coisa parecida. A melhor maneira que encontrei para fazer isso é me concentrar na luz de Deus dentro de mim e pedir ao espírito do perfeito amor — que é Deus, no final das contas — para limpar meu corpo e minha casa, por dentro e por fora. Simplesmente peça a Deus. Chame isso de oração, se quiser. Eu chamo de higiene espiritual. Não a reservo para ocasiões ou circunstâncias especiais, eu a faço regularmente, como escovar os dentes ou tomar banho. Higiene espiritual — não sei se fui eu quem inventou isso, mas gosto da expressão.

Os médiuns podem apostar em corridas de cavalos?

Se podem? Talvez. Talvez eles consigam se dar bem a princípio. Mas, na realidade, eu duvido. Estou bastante convicta do seguinte: se podem ou não, não importa. Um médium não *deveria* apostar em corridas de cavalos. Eu não acho que a minha mediunidade seja um dom concedido "sem restrições". Acho que tal dom vem acompanhado de responsabilidades. Existe um ditado, "A quem muito foi dado, muito será pedido", e para mim isso significa que tenho de policiar o meu comportamento e tentar fazer o que é correto com a capacidade que me foi dada. Sempre sei quando é apropriado pedir algo e quando não é. A verdade é que o Outro Lado sempre sabe quando eu preciso de algo. Isso vale para todo mundo, mas acho que a minha experiência fez de mim alguém muito mais consciente do que a maioria das pessoas. Quando eu realmente necessito de algo, sei que o Outro Lado me ajudará a consegui-lo. Quando digo "necessidade" quero dizer que a minha conquista "seja ela qual for" está associada a algum tipo de bem maior. Será que se eu ganhar um milhão na loteria isso estará ligado a um bem maior? Na verdade, não. É só dinheiro. Mas existe uma imensa diferença entre querer que certo cavalo chegue em primeiro porque apostei nele e querer que meu livro faça sucesso porque ele traz mensagens importantes para as pessoas.

Deus sabe se cobiçamos a mulher do próximo ou o marido de alguém?

Deus sabe de todas as coisas, por isso eu, pessoalmente, não tentaria fazer nada na surdina, achando que não seria pega. Este plano material é um lugar de provas e desafios. Não é perfeição, como o Outro Lado, e contém todo tipo de tentação. Estamos aqui para aprender, e eu não posso fingir que sei qual é a natureza das lições de outra pessoa. Às vezes não sei nem as minhas, até que se passe muito tempo. Portanto, não quero parecer "santinha" ao responder a essa pergunta. Não estou em posição nem de condenar nem de julgar o que outra pessoa faz. Posso dizer a você uma coisa, porém: se alguma mulher quisesse seduzir John, meu marido, eu certamente teria algo a dizer a respeito — ela iria ver o que é bom pra tosse! Fora do meu próprio relacionamento, em casos em que eu possa saber de algum boato, faço um grande esforço para não julgar. Numa situação em que eu não esteja diretamente envolvida, tento com todo meu empenho não ter uma opinião formada. Isso cabe a Deus.

Se alguém teve um caso e nunca foi pego, a pessoa traída pode descobrir tudo depois da morte?

Ah, com certeza, ela saberá a verdade. Saberá de tudo. E depois que estiver do Outro Lado, saber da traição não a magoará. O perdão é muito importante do outro lado. No entanto, isso não significa que a traição passará em brancas nuvens. E não significa que os envolvidos sairão ilesos. Não,

não terão tanta sorte. Atitudes como essas não afetam apenas os dois envolvidos e os parceiros traídos — elas afetam muitas pessoas ligadas a eles numa variedade de maneiras e, do ponto de vista kármico, pode levar um longo tempo até que sejam compensadas.

Por que alguns médiuns usam cartas ou bolas de cristal para fazer as leituras?

Falando estritamente da minha experiência, quando comecei a atender ao público, eu costumava usar cartas de tarô só para desviar a atenção de mim. Elas eram literalmente um chamariz. Eu tinha medo de que, sem as cartas, as pessoas me julgassem ou me achassem estranha, porque eu ouvia ou via coisas que elas não podiam ver ou ouvir. Eu tinha receio de que não acreditassem em mim. Ler cartas parecia algo mais tangível. Um grande problema, no entanto, era que eu na verdade não sabia ler cartas. Nunca aprendi o que significavam os símbolos. Podia ser constrangedor, porque uma vez ou outra eu acabava fazendo uma leitura para alguém que conhecia as cartas mais do que eu. A cliente dizia, "Mas essa carta não significa a casa do amor?" e eu não tinha ideia do que ela estava falando, e isso me deixava em maus lençóis. Parece engraçado agora que eu tenha me colocado nessa situação e achado que seria melhor do que simplesmente falar a verdade. Mas chegou uma hora em que eu nem me lembrava mais de olhar as cartas, por isso meu disfarce não pegava mais. O interessante foi que as cartas foram, para mim, um degrau. Eu não gosto de dizer "uma muleta", pois elas foram mais um instrumento para que eu passasse de uma etapa para outra. Elas me ajudaram a aumentar minha autoconfiança, pois, embora não fossem a fonte das mensagens que eu estava transmitindo, elas me permitiam cumprir a minha missão como uma nova profissional e obter confirmação de meus clientes de que as mensagens eram verdadeiras. Depois que não precisei mais delas, ou vi que elas apenas estavam atrapalhando, não as usei mais. É engraçado, porque alguns clientes que voltavam ficaram realmente desapontados quando parei de jogar cartas. Eles de fato gostavam das cartas e pareciam não se convencer de que para mim elas não significavam nada. Assim sendo, existem algumas pessoas que parecem ter um talento verdadeiro para interpretar os vários símbolos do tarô ou a maneira como as cartas são dispostas, depois de embaralhadas. Eu acho que esse é um talento verdadeiro. Mas também sinto que as pessoas que são muito boas nisso também devem ter mediunidade, sem as cartas. Pessoalmente não vejo como as cartas, propriamente ditas, podem ter algum poder de verdade.

O seu estilo de mediunidade é diferente do de outros médiuns?

Não posso fingir que tenha visto o trabalho de muitos outros médiuns ultimamente, mas visitei alguns quando tinha vinte e poucos anos e estava tentando chegar a um acordo com a minha própria capacidade psíquica. Em muitos casos, parecia haver muito mais palavrório do que o necessário. Eu tendo a me conectar com um espírito e conseguir a conexão muito rapidamente, mesmo quando parece que estou tentando juntar as peças de um quebra-cabeça. Se um cliente quer fazer contato com uma pessoa em particular, eu *quase* sempre consigo. Sei que isso pode parecer presunção para algumas pessoas, mas eu dou conta do recado. Toda personalidade é diversa uma da outra. Não é diferente no nosso caso — os médiuns são pessoas também. Gosto de dizer que trabalho como se servisse numa lanchonete. Simplesmente me diga o que você quer e eu lhe trarei. Alguns médiuns são como preliminares ruins — você poderia passar sem, elas não significam nada, só uma grande amolação. Tudo o que você quer dizer é, "Vamos direto ao ponto!"

De que maneiras uma pessoa pode aumentar suas capacidades psíquicas?

Na verdade é muito simples. Como eu já disse, estamos no limiar de um tempo em que um número cada vez maior de pessoas se volta para essa capacidade e para outras, que hoje são consideradas extraordinárias. Veja só a cultura popular — as ideias estão no ar agora, à nossa volta, e a realidade é criada de acordo com as ideias. Tudo é mental antes de se tornar material. As crianças desenvolverão essas capacidades com muito mais rapidez do que os adultos, uma vez que as crianças não têm mais nada a fazer senão aprender sobre o seu mundo. O que chamamos de mediunidade — ver, ouvir e entrar em contato com espíritos que estão do Outro Lado — já faz parte do mundo infantil. Quando tal realidade é confirmada pelos pais, em vez de ridicularizada ou negada, a criança não se distancia dela. São na verdade os pais que têm mais a aprender, mas como eu disse, se você olhar em volta vai ver que, agora, todo dia estamos aprendendo mais sobre essas realidades.

Uma coisa que eu faço para me centrar e me manter em contato com Deus e com o Outro Lado é praticar meditação. Pode ser realmente muito útil encontrar um tempo, no seu dia, para serenar a mente, respirar fundo e se abrir para essa conexão. De um modo focado, expresse o desejo de fazer contato com os seus guias. Talvez você se veja abrindo uma janela para o Outro Lado.

Basicamente, temos que praticar a percepção. Precisamos entrar em sintonia com os instintos que Deus nos deu, ouvir a vozinha que sussurra dentro da nossa cabeça, prestar atenção nos diferentes sentimentos que captamos em nosso corpo e que nos informam a respeito de outros níveis de verdade que existem o tempo todo à nossa volta. Embora possa ser divertido ter capacidades psíquicas, elas não existem para a nossa diversão. Temos esse tipo de capacidade principalmente para a nossa proteção e para o crescimento da nossa alma; em outras palavras, para que possamos aprender nossas lições. Um exemplo clássico seria o seguinte cenário: você está numa loja e, mentalmente, ouve algo do tipo, "O gerente acabou de ir para os fundos da loja; eu poderia colocar estes brincos no bolso, pagar pelo chiclete e sair — ninguém iria descobrir e eu teria um novo par de brincos". Então essa outra voz que existe para nos proteger e nos ensinar, diz, "Não faça isso, querida. Você não precisa tanto desses brincos. Mesmo que não seja pega, esses brincos sempre a lembrarão de um momento em que você foi desonesta e você nunca terá paz com eles".

Mesmo que você não ache que tem mediunidade, praticamente qualquer pessoa pode se lembrar pelo menos de algumas ocasiões em que teve um forte pressentimento de que deveria evitar uma certa pessoa ou ficar longe de um determinado lugar ou situação. Esse pressentimento nada mais é do que o seu sexto sentido, o que alguns chamam de PES (percepção extrassensorial), que essencialmente é uma forma de mediunidade que, em vez de nos alertar sobre o nosso próprio comportamento, nos alerta sobre o comportamento de outras pessoas. Posso me lembrar de várias ocasiões em que lancei mão desse tipo muito comum de PES na minha própria vida.

Por exemplo, pouco antes de começar a atender ao público, eu trabalhava numa famosa loja de artigos esportivos. Havia um rapaz ali, Willy, que trabalhava no departamento operacional. Sempre tive a impressão de que ele era meio estranho. Sabia que havia alguma coisa errada com ele, mas não sabia exatamente o quê. Isso me incomodava, mas eu não podia fazer nada a respeito, uma vez que ele sempre parecia estar fazendo seu trabalho. Um dia, eu estava dirigindo meu carro e vi Willy com um menininho, ambos de uniforme de beisebol. De repente, eu "soube" que Willy era um pedófilo. Então fiquei realmente incomodada, e perguntei a mim mesma o que podia fazer. Eu sabia, mas não tinha provas. Então ouvi na minha cabeça o Outro Lado me dizer, "Uma conclusão está em curso". Percebi que eu só tinha que observar o desenrolar dos acontecimentos, sem interferir, confiando que a coisa certa aconteceria. Não demorou muito e os pais do menino encontraram cartas escritas para o filho. Eram de fato de Willy, mas tinham sido escritas de modo a dar a impressão de que eram de outra pessoa. O garoto estava muitíssimo aborrecido com as coisas que Willy estava fazendo com ele e tinha tentado se afastar. Ele estava se recusando a ver Willy e Willy estava tentando tê-lo de volta sob seu controle. As cartas diziam, basicamente, "Se você não for com Willy, vou matar seus pais". Uma coisa horrorosa, absurda. Quando os pais encontraram as cartas, eles logo deduziram do que se tratava e procuraram a polícia. Willy foi preso, declarou-se culpado e acabou indo para a prisão. É verdade que nesse caso eu tive o conforto extra de ouvir dos espíritos que "uma conclusão estava em curso", mas meu primeiro impulso — direto das entranhas, sem nada de especial — foi sentir que havia algo de errado com esse rapaz. Ele fez uma enorme besteira e agora está onde deveria estar — atrás das grades.

As crianças têm mais mediunidade que os adultos?

Acho que, em geral, têm. Muitas crianças têm lembranças de quem eram em outras vidas, por exemplo, e são muito sintonizadas com o mundo espiritual. Elas sabem, muito mais do que se supõe, quem é bem-intencionado e quem não é — de modo geral, elas têm uma boa PES, pois vieram há pouco do Outro Lado e não estiveram aqui por tempo suficiente para se deixarem influenciar. Ainda têm ouvidos que sabem ouvir.

Quando eu era garotinha, uma noite meus pais se preparavam para ir a um casamento. A nossa *babysitter* não estava disponível e um jovem do bairro se ofereceu para cuidar de mim e do meu irmão. Eu sabia que havia alguma coisa "errada" com esse jovem, e disse ao meu pai que não queria que ele ficasse cuidando de nós. Meu pai já me conhecia o suficiente para saber que eu tinha boas razões para dizer aquilo e não aceitou a oferta do rapaz. Posteriormente descobrimos coisas bem desagradáveis sobre ele.

Quando eu tinha por volta de 11 anos, meu pai possuía três ou quatro lavanderias, e eu costumava visitá-lo em horários diferentes. Numa dessas lavanderias, havia uma jovem de 19 anos, Nancy, de quem eu realmente gostava e adorava ter por companhia. Havia um rapaz chamado Ted que morava no segundo andar do prédio e eu muitas vezes o via quando estava com Nancy. Um dia, fui ver Nancy e ela não estava na loja. Mas Ted estava lá e me convidou para subir ao seu apartamento e esperar Nancy ali. Eu senti um pressentimento estranho — minha PES me cutucando — e agradeci, mas não aceitei o convite. Ted tentou me persuadir, dizendo que tinha coisas lá que gostaria de me mostrar, mas ainda assim eu não cedi. Um pouco depois, meu pai apareceu e disse que Nancy não ia trabalhar naquele dia, e me levou embora. Depois disso, estive naquela loja algumas vezes e notei que nunca mais vi Ted. Perguntei ao meu pai, "Onde está Ted?" Meu pressentimento de que não deveria subir sozinha com ele ao segundo andar tinha sido correto. Havia algo terrivelmente errado com Ted. Ele era uma pessoa atormentada. Meu pai me disse que ele tinha sido encontrado morto no apartamento. Tinha se enforcado.

As crianças destas novas gerações estão despertando para o universo. Elas estão usando o amor e a bondade e, numa proporção maior do que as gerações anteriores, lembrando-se de onde vieram. As crianças sempre tiveram a capacidade de ver os mortos, porém agora, quando seus pais estão começando a se abrir mais para isso, elas fazem mais perguntas. Sentem que sua curiosidade sobre o assunto é mais aceita e falam a respeito como falariam de outro aspecto normal do seu mundo e da sua experiência. As crianças geralmente têm um sexto sentido muito mais desenvolvido do que os adultos. Não é estranho? Na verdade, todos os sentidos infantis são mais aguçados do que os nossos, mas não pensamos nisso dessa maneira porque o que nós, adultos, temos que falta a elas são os meios de comunicar o que veem, ouvem, sentem etc. Portanto, basicamente, à medida que ficamos mais velhos, a nossa capacidade de comunicação melhora, enquanto todo o resto se degenera. Que sistema! Mas, voltando ao que eu estava dizendo, pegue o exemplo de uma criança envolvida num acidente em que os dois pais morrem. Só um garotinho de 5 anos sobrevive ao desastre. Uma multidão se aglomera em torno dos veículos acidentados. Em meio a todos os curiosos, essa criança sempre ficará perto do indivíduo que fizer com que se sinta segura. Isso está em nós. Mesmo numa situação em que uma pessoa maldosa quiser que a criança vá com ela, a criança *sabe* que essa pessoa não está bem-intencionada. Mas, em geral, os pais ensinam às crianças que os adultos são autoridades, por isso elas não acham certo contrariá-los. Elas vão contra a sua PES, a menos que os pais as ensinem a dar ouvidos às suas intuições e a agir de acordo com elas.

As crianças também se comunicam com os espíritos?

Procuro não generalizar, mas acho que a maioria das crianças, se não todas, tem essa capacidade. Mas, repito, isso tem a ver com o apoio que a criança recebe quando menciona suas experiências aos pais ou irmãos mais velhos — outras pessoas que elas tomam como modelos. Algumas crianças podem ser alvo de chacota quando falam de seus amigos "secretos" ou "invisíveis" e por isso procuram manter em segredo quem veem ou com quem conversam. E é impressionante a quantidade de crianças que acaba se concentrando exclusivamente no que consideramos o mundo material e perde a capacidade de ter esse tipo de contato. Pessoalmente, as histórias que meus clientes me contam sobre crianças que falam com os parentes mortos são algumas das minhas favoritas.

Por exemplo, houve uma jovem que me procurou e disse que sua mãe tinha morrido alguns anos antes e ela não estava preparada para essa perda. Estava muito triste e aborrecida, pois sentia bastante falta da mãe. Ela tinha uma filha que era bem pequenininha quando a avó morreu. Cerca de dois anos depois, ela ainda não tinha se recuperado totalmente dessa perda. Um dia, sua filhinha (que tinha em torno de 4 ou 5 anos de idade na época) lhe disse, "Não fique triste. Ela está bem aqui! E está fazendo assim" e a menina fez um biquinho com os lábios, como se estivesse prestes a dar um beijo estalado em alguém. Bem, minha cliente ficou totalmente pasma. Ela me disse que alguns anos antes, quando a filha era pequena, sua mãe havia lhe contado sobre um sonho que tivera. Ela disse que sonhara com sua netinha e que a estava beijando. Acordara na manhã seguinte com os lábios ainda repuxados num beijo. Ela e a mãe sempre riam ao se lembrarem do sonho quando ela era viva.

Outra história que achei maravilhosa aconteceu com uma mulher cujo tio, irmão da mãe, chamava-se Nick. Nick morreu quando essa mulher tinha 13 anos de idade. Anos depois ela se casou e teve um garotinho, a quem ela resolveu dar o nome do tio. Quando o bebê tinha por volta de um ano e meio, ela e a mãe foram à cozinha enquanto o bebê ficou no andar de cima, no berço. Elas podiam ouvi-lo pelo monitor da babá eletrônica e se surpreenderam ao ouvi-lo balbuciar e rir. Juntas elas subiram as escadas e viram o pequeno Nick de pé no berço. Ao ver o entusiasmo dele, a mãe aproximou-se do berço e disse, empolgada, "Com quem você está conversando?" e o filho apontou para o outro lado do quarto e disse "Nick!".

Como podemos usar nossa mediunidade, seja de que nível ela for, para o bem maior?

Temos uma variedade de talentos psíquicos, todos eles dádivas de Deus. Cabe a cada um de nós desenvolver e cultivar esses talentos com o coração e o espírito, não com o ego.

Eles se manifestarão para o bem maior quando a pessoa com esses talentos entrar em comunhão com Deus em algum nível e concordar em seguir as instruções Dele para "cumprir o prometido". Um número cada vez maior de pessoas está fazendo isso, conscientemente. O véu que nos separa do Outro Lado é uma consciência densa. Pelas escolhas que fazemos, as ações que praticamos e as capacidades que desenvolvemos, a humanidade está chegando mais perto do Céu — não é o Céu que está chegando mais perto de nós.

Que tipo de meditação você pratica?

Em 1977, quando eu tinha 24 anos, fiz um curso de Meditação Transcendental (MT). Isso foi quando eu estava tentando restabelecer contato com o Outro Lado. Adolescente, eu não queria saber da minha capacidade, pois falar com os mortos não era algo que toda garota de 16 anos fizesse, e eu simplesmente queria ser tão normal quanto possível e me entrosar com meus amigos. Mas aos vinte e poucos anos, eu estava revendo meus conceitos e o curso de meditação foi uma das providências que tomei — aprender a serenar a mente e a mergulhar no meu íntimo. Para mim, que sou uma pessoa muito sociável e extrovertida, foi muito esquisito, mas foi realmente bom, pois me fez entrar em contato com tudo o que eu sabia sobre o Outro Lado. Basicamente, você pode fazer meditação da maneira que mais lhe agradar; o que importa é que ela leve você a um estado de espírito feliz. Alguns podem conseguir isso rezando um rosário ou fazendo outras preces. Outros podem pôr para tocar uma música suave, acender velas, se sentar e pensar em todo o amor que têm na vida. Eu gosto de respirar fundo sete vezes, dizendo a cada vez, "Estou entrando em sintonia com o senhor, meu Deus". Eu penso comigo, "É assim que eu gostaria que a minha vida fosse", e então eu me volto para Deus. É sempre diferente. Eu adoro fazer isso um pouco antes de dormir. A minha meditação é simplesmente uma prece sobre o que eu gostaria de ter, como gostaria que fosse a minha vida — meu trabalho, as pessoas que eu amo. Posso fazê-la em qualquer lugar — não preciso fazer a posição de lótus nem ter uma almofada própria para meditação. Eu poderia estar flutuando numa jangada ou no carro com John ou dirigindo sozinha e fazer esse tipo de prece mentalmente. Eu tendo a deixar as coisas bem simples — isso é o que funciona para mim. De vez em quando, ou se alguma coisa importante vai acontecer, eu faço algo mais sofisticado, como um ritual, ou às vezes dou mais asas à imaginação. Mas na maior parte do tempo trata-se de algo de rotina, como fazer o jantar — muitas vezes você simplesmente não quer nada muito complicado. Os guardanapos de papel funcionam muito bem quando o prato é macarrão com molho branco. Às vezes você tem alguém especial em casa e parte para algo um pouco mais complicado — apela para os porta-guardanapos e para os guardanapos de linho, velas e um aparelho de jantar mais chique. Com um pouquinho mais de esforço, a ocasião fica mais especial.

Por que não nascemos todos bonitos?

Tenha em mente que, aos olhos de Deus, todos somos bonitos! E, nesse caso também, tudo é uma questão de escolha. A beleza está no modo como nos vemos. O que a sociedade chama de "bonito" ou "belo" muda de um ano para outro, que dirá de século para século. Se estivéssemos no século XIV, os modelos de beleza nas passarelas não seriam mulheres altas e esguias, mas jovens parecidas com anjos de Botticelli, com pernas roliças, traseiros avantajados, abdômens redondos, seios grandes e seios pequenos. A beleza física e as nossas ideias sobre o que é beleza são passageiras, mas o espírito não é. Deus deu a todos a beleza do espírito.

Você acha que conservamos a mesma personalidade do Outro Lado. E o que dizer de alguém que tenha lesão cerebral, cuja personalidade foi atrofiada ou extremamente alterada?

Muitas pessoas confundem comportamento com personalidade. Trata-se de coisas bem diferentes. Portanto, não é a personalidade que foi alterada quando existe uma lesão no cérebro — seja ela congênita ou causada por um acidente ou doença. No nível anímico, a personalidade é a mesma, mas o problema físico inibe a capacidade da pessoa de expressar sua verdadeira natureza. Admito que o efeito — independentemente da razão — parece igual. Mas na verdade não se trata da mesma coisa. Do Outro Lado, tudo é perfeição, por isso a personalidade ali é a verdadeira personalidade. Ninguém tem lesão cerebral no mundo do espírito. Como a maioria das pessoas deste lado não tem esse tipo de problema, é completamente óbvio que a personalidade se mantém. Em casos de dano cerebral, podemos ver apenas lampejos da verdadeira personalidade, mas as limitações físicas do indivíduo podem impedir que ele mostre quem realmente é.

Quem não tem mediunidade é capaz de ver anjos?

Sim, eu acredito que, em determinadas circunstâncias, nós podemos. Os anjos se mostram para nós, embora possamos nem estar conscientes de que aquilo que estamos vendo seja um anjo, pois eles podem se manifestar numa forma que parece completamente humana. Alguém que aparece na sua vida e lhe faz um grande bem numa hora em que você estava realmente precisando e depois desaparece “num passe de mágica” pode na verdade ser um anjo. Eu recebi uma carta de uma mulher que dizia que o pai, desde que recebera o diagnóstico de mal de Alzheimer, afirmava ver anjos. Durante um período, tinha-se a impressão de que isso o assustava, mas posteriormente ele começou a encarar as visões com naturalidade, chegando até a acenar para eles e dizer, "Vejo vocês depois". Ela disse que a mãe estava preocupada, mas ela própria achava que o cérebro do pai podia ter sofrido uma alteração e passado a ter uma capacidade maior de percepção; em outras palavras, ele passara a ver o que era invisível aos outros. Eu concordo.

O mal de Alzheimer e outros tipos de demência podem ser apavorantes, pois a pessoa fica desorientada por não ser capaz de entender as coisas com as quais estamos acostumados. Às vezes, o portador da doença está completamente alheio à realidade, mas noutras vezes ele tem noção do que lhe acontece e isso pode ser angustiante. No caso do pai dessa mulher, em vez de perder a capacidade, ele na verdade adquiriu outra — ver fisicamente o que geralmente não é visível aos olhos. Claro que isso pode ser assustador também, mas parece que ele se adaptou e passou a não se sentir mais intimidado. Ele viu que os anjos não estavam lá para lhe causar mal. Geralmente temos dificuldade para lidar com o que não conseguimos sentir ou tocar, mas os anjos — se pudéssemos vê-los — estão à nossa volta o tempo todo. Não há razão para temê-los.

Os fantasmas podem se deslocar no espaço ou só aparecem onde viveram? Por exemplo, se meu avô nunca esteve na Espanha, ele poderia ir até lá como um fantasma?

Os fantasmas, ou espíritos, se preferir, podem ir a qualquer lugar que quiserem. Tendem a ficar por perto dos seus entes queridos, mas, nos dias de hoje, muitos de nós têm entes queridos ao redor do mundo. Não é como antigamente, quando seis gerações da mesma família viviam num raio de alguns quilômetros. Mas, para ser clara, de modo geral não há lugar no mundo em que um espírito queira estar mais do que perto de seus entes queridos; no entanto, se ele quiser ir para outro lugar, nada o impede. Essa é a dádiva de Deus para nós, quando morremos — viver como queremos. Meu pai, quando vivo, adorava percorrer longos percursos de carro. Na maturidade, seu corpo já não lhe permitia mais esse prazer — ele não conseguia ficar sentado muito tempo atrás do volante sem sentir dor e, ao longo do caminho, precisava fazer várias paradas para ir ao banheiro. Mas, depois que fez a sua passagem, ele me contou que ele e meu irmão Harold faziam longas viagens pelas montanhas. Isso era o que ele mais gostava de fazer e, portanto, é o que está fazendo. Outra pessoa poderia dizer, "Ei, nunca tive tempo ou dinheiro para viajar quando estava na forma material, por isso acho que vou dar uma escapada para ver a Torre Eiffel" ou "Sempre quis ver uma baleia em seu hábitat" e ela pode fazer isso. Qualquer coisa que os espíritos queiram fazer ou ver, eles podem. Por quê? Porque o plano espiritual é perfeito.

Se tiver vontade, um espírito pode nos dar um abraço?

Sim, tenho certeza de que pode — pelo menos poderia nos dar uma sensação aproximada de abraço. Eu já falei sobre isso no primeiro livro — como os mortos às vezes brincam com o meu pé quando estou na cama. Eles fazem isso mais com energia do que com as mãos de fato ou com o corpo. Eles podem pressionar você energeticamente contra a cama ou, claro, quando você está no chuveiro. Pessoas já me contaram que um desencarnado se sentou na beira da cama e elas conseguiram perceber a depressão no colchão. Recebi a carta de uma mulher que disse que um ente querido falecido chega até a enfiar as cobertas embaixo do colchão ao cobri-la, algumas vezes. Outra mulher escreveu me contando que, alguns meses depois da morte do marido, ele deitou-se com ela na cama e a puxou para perto de si. O cachorro estava dormindo aos pés da cama e no momento em que ela sentiu o marido, o animal começou a choramingar. É evidente que tanto ela quanto o cão sentiram a energia do marido Outra mulher me contou por carta que, um dia, ela estava limpando o quarto quando viu algo com o canto do olho. Quando se voltou, viu nitidamente um garotinho com a aparência exata da sua filha mais nova. Ela sabia que o garotinho era o irmão gêmeo da menina, que ela tinha perdido logo no início da gravidez. Ela se sentiu muito confortada ao saber que ele ainda estava perto e isso explicava por que às vezes sentia alguém puxando a barra da sua blusa!

Como um espírito pode nos envolver se não pode nos tocar com as mãos?

Tudo é energia. Não posso explicar a mecânica exata disso, mas praticamente qualquer coisa que acontece neste mundo acontece por causa da energia — desde uma semente crescendo no solo e se tornando uma planta até o ato de cozinhar o jantar. Podemos mexer uma panela de ensopado, para ajudá-lo a cozinhar de modo homogêneo, mas, em termos de manipulação, nada temos a ver com o crescimento de uma planta. Ela rasga o solo sozinha. Os espíritos também são energia e de algum modo eles conseguem, por exemplo, abrir a torneira da banheira, o que parece algo desafiador quando não se pode contar com as mãos, mas eles conseguem. Temos de nos lembrar de que, em essência, somos energia — nossa forma espiritual — e o corpo é só uma concha ou um veículo. Estamos acostumados a pensar nele como algo necessário, mas na verdade ele nos limita; sem ele somos muito mais poderosos do que com ele.

Qual é a lição mais importante que você aprendeu com o Outro Lado?

É difícil eleger uma só lição, mas esta é a primeira que me vem à mente agora: eu diria que é a autoconfiança. Eu me considero uma pessoa muito confiante. Não tenho certeza de ter sido assim desde que nasci, mas a maior parte da minha vida fui confiante, e não é porque eu seja uma beldade. Tive sorte de ter pais amorosos que sempre me apoiaram e incentivaram. Essa é uma bênção inestimável, pela qual agradecerei a Deus ao longo de toda minha vida. Também tenho a vantagem de ter recebido muita ajuda do plano espiritual. Embora fosse disléxica e uma aluna medíocre na escola, o Outro Lado nunca me deixou esquecer que sou uma boa pessoa, alguém de valor. Eles faziam eu me lembrar de coisas em que eu era boa, para que eu não passasse muito tempo pensando naquelas em que não era, como algumas pessoas fazem. É como o comercial de TV em que uma garota telefona ao pai para contar que tirou 10 na prova de física avançada e, em vez de ficar feliz com isso e cumprimentá-la, dizendo estar muito orgulhoso, ele começa a repreendê-la por falar ao telefone celular e gastar preciosos minutos para dar a notícia. Sei que a intenção era fazer um comercial engraçado, mas fico feliz de saber que meus pais não eram assim! É o tipo de coisa que pode acabar com a autoconfiança e deixar você com a sensação de ser incapaz de fazer a coisa certa ou de não ser bom o suficiente. Esse sentimento ou crença é algo que devasta a sua vida. Por que a autoconfiança é tão importante? Porque ela é literalmente a chave para você ter tudo o que quiser! O segredo é que Deus quer que você tenha uma vida plena de tudo o que é bom — saúde, dinheiro, felicidade, prazer, amor e paz. Não pode faltar nada. Mas quando você não se sente confiante, não se sente merecedor. Quando não se sente merecedor, começa a censurar a si mesmo. Você diz, "Não mereço ter isto" ou "Nunca terei aquilo" ou "Outra pessoa provavelmente precisa disso muito mais do que eu". Não estou falando em ser ganancioso, insensível ou egoísta. Estou falando em sair da fila sempre que algo que lhe interessa é oferecido, seja um progresso na carreira, uma pessoa interessante ou um apartamento bonito. Você sabe do que estou falando. Se for o seu terceiro pedaço gigante de bolo, talvez você *não devesse* pegá-lo. Mas se for uma chance de ser feliz no casamento, fazer uma viagem para o Havaí só por ser o milionésimo cliente a passar pela porta ou receber um elogio por um trabalho bem-feito, então aproveite! Que mal faz? Use seu poder de julgamento!

Algumas pessoas menos confiantes sabotam a própria felicidade fingindo que são superconfiantes. Se você é uma dessas pessoas que se orgulham de ser um caso difícil ou um osso duro de roer, então tente mudar essa atitude. O que você ganha com isso, afinal? Será que alguém tem mesmo medo de você? E se tiver, será que isso é boa coisa? Todos precisamos uns dos outros. Cultivar a imagem de alguém inacessível é uma furada. Tenho a impressão de que pessoas assim perdem muito mais do que ganham e, na maioria dos casos, começam a desempenhar esse papel só para que os outros não vejam o quanto elas estão nervosas ou receosas com relação a algo. Portanto, como eu disse, por que não tentar mudar de atitude, tentar não ser tão duro, sorrir mais, oferecer a sua ajuda às pessoas num projeto ou dificuldade que elas tenham e ver o que acontece? Aposto que você vai descobrir que é, na verdade, uma pessoa forte e confiante, quando parar de bancar o durão. E em vez de ser, "Estou no controle, por isso não tente bancar o engraçadinho", vai ser "Estou no controle e posso fazer coisas muito legais para mim e para você". Uau! Muito melhor!

Isso é algo que eu gostaria que todo mundo praticasse uma vez por dia — dizer a si mesmo que é perfeito, bom e feliz. Se não tiver ninguém na vida que lhe dê tapinhas nas costas só por você ser quem é e por todas as coisas boas que faz (seja sincero — você *sabe* que faz coisas boas), então você mesmo precisa se cumprimentar.

E, por fim, deixe a sua autoconfiança impregnar todos os aspectos da sua vida, inclusive o modo como você se vê fisicamente — essa é uma área onde simplesmente todo mundo se atormenta, porque não tem o corpo da modelo de 15 anos da revista, maquiada para parecer uma mulher de 30. Pessoalmente, eu sempre tive uma ótima aparência! É só uma questão de atitude. Talvez você já tenha visto a piada que roda na Internet de tempos em tempos. Trata-se da foto de uma mulher olhando seu reflexo num espelho de corpo inteiro. Ela aparece de costas e tem um traseiro do tamanho de um bonde. Mas a imagem no espelho é de uma mulher bela e esguia. Estou lhe dizendo — *esse é o meu espelho!*

Quando somos autoconfiantes, o universo abre os braços para nós!

Você disse que foi difícil escolher uma. Então qual foi a outra grande lição que aprendeu com o mundo espiritual?

A outra lição, que eu acho igualmente essencial, é respeitar um ao outro, tentar não perder de vista o que é realmente importante e não deixar que coisas menores nos tirem do sério. Tudo isso vem depois do esforço para se dar bem com as outras pessoas.

Como um lembrete espiritual, John tem uma placa na parede de que gosta muito e que reproduz um trecho do famoso poema "Desiderata", escrito por Max Ehrmann, nos anos 1920. (Ehrmann era um filósofo e poeta de Indiana. Se você nunca leu esse poema, procure-o no Google, pois é fácil de encontrar.) "Desiderata" significa, em latim, "algo essencial que se deseja", que eu interpreto como um ideal de absoluta importância. O poema começa, "Siga placidamente por entre o ruído e a pressa e lembre-se da paz que pode haver no silêncio". Trata-se de uma filosofia para ser uma pessoa amorosa, que age com consideração e graça, e vive feliz e em paz consigo mesma. John adora esse poema e, em todos os lugares onde moramos, insistiu em pendurar a placa na parede do nosso quarto. E tenho de dizer que, sob muitos aspectos, John realmente vive a vida de acordo com essa mensagem. É algo que nós dois temos nos esforçado para fazer. Uma vez, alguns anos atrás, tivemos uma discussão. Bem, para ser bem sincera, dizer isso é pouco. Nós tivemos uma senhora briga. John saiu para trabalhar e eu estava ao telefone reclamando dele, quando ouvi um grande estrondo no quarto. Corri para ver o que era e encontrei a placa de John no chão. Embora não houvesse mais ninguém em casa, ela tinha caído da parede. Não precisei que ninguém me explicasse o que havia acontecido – eram decididamente os espíritos lembrando-me da importância da mensagem do poema.

Numa outra ocasião, John e eu tivemos outra briga (quantas vezes eu já disse? Não sou perfeita!) e nosso convite de casamento, que mandamos emoldurar em vidro e metal, caiu da parede. Mais uma vez, não havia ninguém por perto. Embora tenha feito barulho suficiente para chamar a nossa atenção, fiquei grata ao Outro Lado por se fazer ouvir sem ter quebrado o vidro.

Sempre que penso nessas coisas, na importância de se dar bem com as outras pessoas e tratá-las com gentileza, minha sogra e sua família me vêm à mente. Eu brinco com isso agora, mas quero deixar bem claro que eu realmente tentei, durante anos, fazer todo o possível para que nosso relacionamento fosse bom. Por fim, tive que desistir. Tudo o que o Outro Lado nos pede é que façamos o melhor possível. Às vezes uma situação é realmente impossível. Outras vezes, para darmos o melhor de nós mesmos, precisamos nos separar da pessoa ou da situação que nos faz infeliz ou que nos impede de mostrar o melhor que há em nós. Ninguém no mundo espiritual espera que toleremos uma situação que nos seja prejudicial. Mesmo que ela diga respeito à família.

Existe um meio de eu saber quem é o meu anjo da guarda?

O único meio de saber isso é entrar em sintonia com o Outro Lado e ver quem ele é. Por exemplo, eu sei que meu pai e meu irmão são meus guardiões, mas antes da morte deles eu já tinha outros guardiões. Tenha em mente que, mesmo que você saiba o nome dos seus anjos, você provavelmente não reconheceria a maioria deles. São espíritos que viveram com você em outras vidas, mas que desta vez concordaram em ficar do Outro Lado para velar, enquanto você empreende esta aventura terrena. Portanto, em termos desta vida presente, você nem iria se lembrar deles. Quando a família e os amigos que você tem nesta vida morrem, eles unem forças com esses guardiões e o seu time protetor fica ainda mais forte.

Temos mais de um anjo da guarda?

Na grande maioria dos casos, sim. Quase todas as pessoas têm vários anjos guardiões. Só houve dois casos, em toda a minha carreira, em que não consegui entrar em contato com alguém do Outro Lado que estava cuidando de um indivíduo aqui da Terra. Por que era desse jeito, ou seja, por que essas pessoas não tinham anjo da guarda, francamente não posso explicar, embora tenha buscado essa resposta durante muitos anos. Acho possível que, por razões kármicas, essas duas pessoas deliberadamente não tiveram assistência durante o tempo em que estiveram vivas. Era algo como, "Se você não sabe nadar, é melhor aprender, porque senão vai afundar". Talvez elas não tenham prestado assistência quando era sua vez, por isso nesta vida, para compensar, elas também não tenham tido assistência ou talvez tenham optado por seguir sozinhas para aprender uma determinada lição. Também é possível, eu acho, que elas tivessem um anjo ou dois, mas, por alguma razão, eles não tiveram permissão para se manifestar. Muitas vezes analisei essa situação — de todos os ângulos diferentes —, mas não encontrei a resposta.

Se um dos meus entes queridos morrer antes de meu filho nascer, ele saberá do nascimento da criança?

Saberá, sem a menor dúvida. Os nossos entes queridos muitas vezes participam do processo e veem o bebê se preparando para encarnar, e lhe desejam boa sorte, prometendo protegê-lo desde o outro lado do véu. Muitas vezes a criança tem uma ligação mais direta com um membro da família em espírito durante os primeiros anos da sua vida, até (como geralmente acontece) começar a se focar mais e mais no mundo físico e perder essa conexão com o espírito. Na última primavera, eu estava em Chicago coletando material para mostrar a alguns produtores de TV e um dos membros da equipe de filmagem, uma jovem chamada Tracy, contou-me que sua irmã Donna tinha morrido antes dos seus filhos nascerem. Os sobrinhos nunca tinham conhecido a tia. No entanto, um dia, seu filho, que tinha por volta de 3 anos, acordou de seu cochilo e disse em voz alta, "Feliz aniversário, Donna". De fato era aniversário da sua tia Donna! A irmã tinha se lembrado do aniversário e pensado nela, mas não mencionara a data a ninguém. Era evidente que o filho tinha feito contato com a tia, que ele nunca conheceu quando viva.

As crianças que morrem durante a gravidez vêm novamente para a mesma mãe?

Não, não creio que venham. Não na mesma vida. A criança e essa mãe se encontrarão novamente; elas se conhecerão de novo. Mas, com base na minha compreensão de como as coisas funcionam, não acredito que essa criança volte, no corpo de um bebê, para essa mãe. Essa alma (o bebê) tinha uma missão em particular nesta vida, ensinar uma determinada lição. Na vida seguinte, será algo diferente, tanto para a mãe quanto para o bebê — e tenha em mente que o "bebê" pode ser, na verdade, em termos espirituais, uma alma mais antiga que a "mãe". Independentemente da razão por que a criança foi concebida, mas não chegou a nascer, a mãe saberá as respostas quando chegar ao Outro Lado. Existe uma ligação, um laço de amor, entre essas almas.

As crianças com síndrome de Down são seres muito evoluídos?

Com certeza. Acredito que essas preciosidades escolhem vir para cá nessa forma extremamente poderosa e característica. Acho que antes isso não era muito bem-compreendido, mas, à medida que vamos ficando cada vez mais esclarecidos, podemos ver que esses seres na realidade trazem uma dádiva. Ao passo que antigamente eles eram mantidos, pela família, longe dos olhos das outras pessoas, agora é comum encontrarmos na rua alguém com síndrome de Down, e essas pessoas deixam uma impressão marcante na nossa alma. Podemos confundir esse sentimento com pena, mas não se trata disso. É algo muito mais profundo. É como o reconhecimento da nobreza que elas têm. É como se elas viessem a este mundo para dizer, "Eu mudarei a vida de duas pessoas" ou até de 50 pessoas, ou mais. O nascimento de uma criança com síndrome de Down causa uma ressonância ou efeito dominó. Quando encontramos alguém assim, que tem uma luta diária a travar, algo toca fundo a nossa alma. E abre dentro de nós uma oportunidade para aprendermos e praticarmos a gentileza e a coragem.

A mediunidade numa família geralmente ocorre em gerações alternadas, do modo como se diz que acontece com os gêmeos?

Não, não existe nenhuma regra nesse sentido. Um caso é diferente do outro e completamente individual. Deus não nos dá esse tipo de sinal. Ele envia o que quer enviar e quando quer enviar. Não existe fórmula para isso. Meu avô era um grande médium e disse ao meu pai que eu também era. Mas ninguém poderia supor que Bobbi Concetta, a filhinha do meu irmão Bobby, também seria médium. Na nossa família, de fato a mediunidade ocorreu na geração do meu avô e na minha, pulando a do meu pai, mas não pulou a que veio depois da minha e dos meus irmãos, pois minha sobrinha também é médium. Outra coisa a lembrar é que, como acontece com outras habilidades, a mediunidade ocorre ao longo de um espectro — não é que uma pessoa tenha ou não tenha mediunidade. Todos temos um pouco, alguns têm muito. Posso apostar que existem muitas pessoas andando por aí que não fazem ideia de quanta mediunidade têm simplesmente porque nunca prestaram atenção ou dão outro nome a essa capacidade, dizendo que vivem tendo "palpites".

Muitas pessoas acham que, quando morrerem, estão deixando coisas importantes para trás ou uma grande confusão para outras pessoas resolverem. Temos razão em pensar assim ou tudo faz parte de um plano divino?

Bem, não vou dizer para deixar isso pra lá e não se preocupar, pois seria falta de consideração. Se nos preocupamos com nosso parceiro, filhos ou qualquer outra pessoa que, sabemos, terá que desatar os nós que deixamos, realmente temos o dever de deixar tudo em ordem da melhor maneira possível. Nem sempre conseguimos planejar quando deixaremos este mundo, é claro, por isso o bom senso diz que devemos manter tudo em ordem. Mas esse seria um mundo perfeito, não é mesmo? E não existe perfeição no plano terreno. Minha resposta a essa questão é que eu realmente acho que tudo faz parte de um plano, até mesmo as tarefas desagradáveis que parecem ser incumbência de outras pessoas. O nosso karma tem tudo a ver com nossos relacionamentos, e essa área não é exceção. Como diz o antigo ditado, "Desta vida nada se leva" e isso não vale apenas para os bens materiais, mas também para os nossos problemas e segredos. Portanto, não importa o tipo de vida que você leve, tudo será revelado depois que você se for.

Creia-me, já ouvi todo tipo de coisa sobre esse assunto, desde filhos que têm que fazer faxina no porão, porque o pai ou a mãe falecida adorava guardar tranqueiras ou era econômico, até a esposa que descobre fraudes do parceiro com relação ao imposto de renda ou uma segunda família — incluindo esposa e filhos ilegítimos. Descobrir dezessete cortadores de grama na garagem, que seu pai pretendia consertar um dia, pode provocar um sorriso, mesmo que seja uma luta se livrar deles. Contudo, descobrir que você pode perder a casa porque seu marido tinha problemas financeiros graves dos quais você nunca soube, ou descobrir parentes que você jamais ouviu falar que tinha, é uma coisa totalmente diferente. Tudo isso, no entanto, é kármico. Eles dizem algo sobre o indivíduo que morreu, mas também deixam os parentes com um ponto de interrogação: Agora, o que fazer com isso? Eles podem ficar chocados, tristes, confusos, zangados ou com o sentimento de que foram traídos. Podem querer pôr tudo em pratos limpos. Dizer que aquilo nada tem a ver com eles. Mas o fato é que, enquanto estiverem aqui, ainda entre os vivos, eles têm de fazer uma escolha. Como escolherão se comportar? O que escolherão fazer? Como escolherão se sentir? A reação inicial talvez seja sentir que foram pegos de surpresa e que não conseguem controlar seus sentimentos. Mas, depois que assimilam a nova realidade, eles começam de fato a escolher o que querem sentir e aprendem a lidar com ela — e precisam saber que receberão ajuda do Outro Lado quando necessário, possivelmente até daquele que lhes deixou o desafio. Nossos entes queridos mortos não se encarregam de nos tirar das situações difíceis aqui; eles simplesmente não têm permissão para "endireitar" as coisas para nós. Mas, quando estamos fazendo o melhor possível para lidar com as dificuldades e superá-las, eles nos apoiam. Nesse meio-tempo, enquanto você ainda está aqui, cabe-lhe decidir como quer se comportar e ser lembrado — como alguém digno de confiança e aberto mesmo quando as coisas não vão muito bem, ou como alguém que pode enganar ou esconder coisas ou ter tanto medo que não consegue ser honesto. Isso é o karma. Portanto, sim, até a confusão faz parte do plano divino — do nosso plano de aprendizado.

Existem tantas crenças religiosas diferentes — importa em qual delas acreditamos?

Na verdade, não. O que importa é que respeitemos uns aos outros e tentemos nos amar. Esse parece o mais simples dos chavões, mas é o maior desafio que temos.

Pouco tempo atrás, um casal me procurou e a avó da esposa se manifestou. Ela ficou me dizendo que tudo era a mesma coisa e me mostrando um crucifixo. Tive de ficar algum tempo descrevendo o que ela dizia e fazia antes que o casal captasse a mensagem. Aparentemente, um dos membros do casal era grego ortodoxo e eu não me lembro o que o outro era, só sei que era de uma religião diferente, por isso a avó tinha ficado muito aborrecida quando eles se casaram. Isso ia contra tudo o que ela tinha aprendido na igreja e a deixara muito preocupada. Eles entenderam que a mensagem dela era que, do Outro Lado, todas as religiões são uma só. Amor é amor e Deus é Deus, e é tudo a mesma coisa. O casal não tinha as mesmas crenças enraizadas da avó, obviamente, mas ambos ficaram muito felizes de ouvir que isso era o que ela aprendera depois da morte e que ela queria que eles soubessem que ela estava errada e que tudo estava bem agora.

Grande parte da violência, das mortes e das guerras ao longo da história resumiu-se em "Meu Deus contra o seu Deus". Nunca se ganhou nada com isso. Nada. Nem nunca se ganhará. O fato de darmos nomes diferentes a Deus não muda nada, exceto a maneira como nos referimos a Ele. Deus é um só. Ele não está sentado num trono em algum lugar, dizendo "Sou mais poderoso que o seu deus". Não existe outro deus.

No final das contas, por que a energia de Deus existe?

Ela simplesmente existe. É a verdade pura e simples. Os físicos podem lhe dizer o porquê de todas as coisas deste mundo — desde por que o oceano é azul até por que existe um sol no firmamento. Mas ninguém pode dizer o porquê de Deus. Deus simplesmente é.

Qual é o propósito da nossa alma?

Em geral, o propósito da nossa alma é aprender como nos tornarmos divinos. (O que faz de cada um de nós indivíduos é a maneira única como fazemos isso — o efeito que damos à bola.) Tornarmo-nos a imagem e semelhança de Deus é o destino de todos, mas, como em tudo o mais, a escolha é nossa. A dádiva de Deus é que cada um de nós se torne tão venturoso, bem-sucedido e satisfeito quanto queira. Deus nos deu o poder; nós temos o direito. Você pode se perguntar, mas como vamos nos tornar divinos? Basta substituir a palavra "amor' pela palavra "Deus" e usar isso como guia. Quando você escolhe amar, você escolhe Deus e, quando faz uma escolha amorosa, você é mais divino do que quando faz uma escolha sem amor. Cada vez que tiver que escolher, escolha o amor. Em qualquer conflito ou desafio, pergunte, "O que o amor faria nessa situação?" A resolução amorosa é uma resolução divina. Tornar-se divino é uma tarefa difícil. Não devemos ser duros demais com nós mesmos caso não consigamos fazer isso da noite para o dia. Precisamos perceber que leva tempo para aprendermos as nossas lições. Não podemos ter pressa demais.

Existe algum segredo que nos faça ir para o céu?

Do Outro Lado, um paraíso perfeito espera por nós. Tudo o que precisamos fazer é não tirar uma vida deliberadamente enquanto estivermos aqui. O grande segredo é que podemos ter um simulacro desse paraíso aqui mesmo. Eu disse simulacro de paraíso porque nada deste lado jamais será perfeição. Deste lado do véu, tudo depende das escolhas que fazemos. A lei do universo consiste no seguinte: tudo o que você irradia, você recebe de volta. As pessoas que irradiam energia positiva receberão de volta coisas boas. Mas não é como um ioiô — faça-o cair e ele sobe de volta imediatamente. Às vezes precisamos ser pacientes, pois demora um pouco para as coisas boas voltarem para nós. Pode ser preciso também o mesmo tempo para vermos os resultados da negatividade, por isso as pessoas que irradiam esse tipo de energia também demoram a percebê-la. Quando ela volta, elas podem nem associar as coisas negativas que estão acontecendo nas suas vidas com as coisas negativas que fizeram. Podem até questionar por que tantas fatalidades estão se abatendo sobre elas. Com base em tudo o que eu tenho visto e lido nos livros, acredito que toda negatividade no mundo consiste em pensamentos distorcidos e impróprios, que levam a ações distorcidas e impróprias. Deus deu todo o Seu poder a cada um de nós. O que fazemos com ele depende de nós. Podemos fazer da nossa vida algo muito parecido com o paraíso, ou viver num inferno. Tenha sempre em mente que Deus não acha que o mal é uma coisa boa. Ele não vai lhe trazer nenhuma recompensa.

Todos nós temos vidas passadas?

Sim, todos nós temos vidas passadas, mas alguns já voltaram para cá mais vezes do que outros. Isso tem a ver com o propósito único da nossa alma e também com o nosso livre-arbítrio, quando estamos do Outro Lado e escolhemos voltar. A sua personalidade pode lhe dar vislumbres das suas vidas passadas. Por exemplo, pode lhe dar uma dica da sua "profundidade" como pessoa. Caso já tenha vivido muitas vidas e absorvido muitas lições, você pode ter um senso de humor maravilhoso, mas também muita sabedoria e uma compreensão e compaixão profundas com relação aos outros. Você pode até não saber por que sabe certas coisas — pode pensar, "Sou assim e pronto" —, mas existe uma razão. A pessoa que finge muito e tem pouca consideração pelos outros pode ser apenas um bebê em termos anímicos — uma alma bastante jovem, que ainda não aprendeu muitas lições.

Outra indicação de vidas passadas é um sentimento forte de ligação com um certo lugar — especialmente se você nunca esteve em tal lugar nesta vida. Talvez seja um local que você sempre quis visitar e, se for lá, pode até reconhecer partes dele ou ter uma sensação intensa de déjà vu. Isso de fato aconteceu comigo. A primeira vez que viajei para a Europa foi em 1999, quando visitei a França. Mas alguns anos antes, acho que na década de 1980, quando não sabia nada da Europa, eu me "vi" caminhando por um antigo calçamento. Eu estava fora do corpo e tão envolvida nessa sensação que sabia que não estava sonhando. As casas que eu via eram de um tipo desconhecido. Eu estava andando e dobrei a esquina de uma rua muito estreita. Era claustrofóbico e tudo muito sujo. Eu pensava comigo mesma, "Onde estou? Será que sei onde estou?" Depois de tantas perguntas, eu mesma respondi, "Sim. Eu *moro* aqui." Então passei pelo umbral de uma porta.

Anos mais tarde, em 2007, lá estava eu em Rothenburg, na Alemanha (também conhecida como Rothenburg ob der Tauber, pois fica sobre o rio Tauber). Fizemos a famosa — e realmente fabulosa — excursão noturna e, depois de andar para cima e para baixo, eu me vi na mesmíssima rua! Caminhando com John, eu me vi no mesmo lugar da visão que tive — embora agora estivesse muito mais limpo. Sabendo que um dia eu já tinha vivido ali, fiquei naturalmente curiosa para saber mais sobre o lugar. Tratava-se de uma cidade medieval cercada de muralhas (paredes de pedra de nove metros de altura circundam a parte original, mais antiga, da cidade) e, durante o Sacro Império Romano, ela foi uma das vinte maiores cidades, com uma população de pouco menos de 6000 habitantes dentro de suas muralhas. Grande parte da cidade ainda está intacta, embora quase tudo ao seu redor tenha sido destruído durante a Segunda Guerra Mundial e reconstruído. A história de como Rothenburg sobreviveu é realmente interessante. Durante a guerra, a cidade foi ocupada pelas forças nazistas. Um dia antes da Páscoa de 1945, quase 40% da velha cidade foi destruído por ataques aéreos. Então, o Secretário Adjunto de Defesa dos Estados Unidos, John J. McCloy, entrou em ação. A história que nos contaram foi a seguinte: os pais de McCloy tinham passado a lua de mel em Rothenburg. Eles tinham mostrado fotos ao filho, por isso ele conhecia a cidade, sua beleza e importância histórica. Por um capricho do destino, coubera ao jovem McCloy dar a ordem para destruir a cidade. Ele não suportou a ideia de destruir esse lugar do qual os pais se lembravam com tanto carinho, por isso assumiu a tarefa de instruir o General Jacob Devers a oferecer ao comando nazista a chance de se render, antes que as muralhas da cidade fossem destruídas pela artilharia dos Aliados. Embora o general alemão tenha recusado a oferta, o comandante local decidiu aceitar, e os prédios históricos foram salvos. Até hoje John J. McCloy é lembrado como Protetor Honorário de Rothenburg.

Por meio do website da embaixada alemã, descobri outro fato fascinante sobre essa cidade que eu não ouvi enquanto estava lá. O mercado de Natal (chamado *Reiterlesmarkt* — existem as mais incríveis lojas de Natal lá!) recebeu esse nome "por causa de uma lenda teutônica local, que começou durante os tempos pré-cristãos, com a história de um terrível cavaleiro que carregava as almas dos mortos. Quando o Cristianismo se difundiu pela Europa, essa personagem passou de um homem selvagem para um gentil cavalheiro que dava presentes a todos na Terra". Esse é o tipo de mudança que eu aprecio — qualquer coisa negativa que se torne positiva tem espaço na minha vida.

Todos temos nossas lembranças — elas fazem parte da nossa alma. Minha própria alma volta ao passado de vez em quando, e eu sei que uma pequenina parte do que estou vendo é uma memória de uma vida passada, não um sonho.

Como podemos saber sobre as nossas vidas passadas, sobre quem fomos antes?

A maioria de nós não teve vidas passadas como Rainha do Nilo ou Rodolfo Valentino. E, infelizmente, eu nasci cedo demais para poder dizer que sou a reencarnação de Marilyn Monroe. A maioria de nós foi e será, vida após vida, "gente comum". Eu coloquei "gente comum" entre aspas porque, afinal de contas, o que existe de *comum* no fato de nascer e viver uma vida humana? Toda vida simplesmente explode de potencial — nós podemos ter qualquer coisa que quisermos se nos esforçarmos para conseguir. Toda vida é um milagre. Quem éramos antes? Só posso dizer o que já disse — procure indicações. Do que você gosta? Um tipo de arquitetura ou mobiliário de um determinado período? Um tipo de roupa? Você tende a apreciar mais a cultura popular de um certo período (música, por exemplo)? Ou filmes ou livros de uma determinada época? Com o que você costuma sonhar? Você tem lembranças que parecem não ser suas? Pelo menos não desta vida? Existem muitos livros que foram escritos por ou sobre pessoas que tiveram experiências marcantes como essa. Um dos exemplos é Jenny Cockell, uma mulher que morava na Inglaterra e tinha sonhos recorrentes e perturbadores sobre a própria morte. (O seu livro chama-se *Across Time and Death.*) Em seus sonhos, ela estava muito perturbada e sabia que não era porque estava morrendo. Ao longo de muitos meses e anos, seus sonhos foram ficando cada vez mais detalhados e a levaram a descobrir que ela tinha sido mãe na Irlanda e, ao morrer, tinha deixado dez filhos sob os cuidados de um marido em quem não se podia confiar. Ela sabia que os filhos seriam separados depois da sua morte e por isso não conseguiu morrer em paz. Provavelmente foi essa forte preocupação com os filhos que a fez querer reencarnar logo depois que morreu. Ela acabou conseguindo ir para a Irlanda, descobriu o cenário de todos os seus sonhos, encontrou todos os filhos e os reuniu. Uma história encantadora — no entanto, essa é a realidade de cada um de nós — nós vamos para o Outro Lado e, no devido tempo, voltamos para o plano terreno.

As crianças têm mais lembranças de vidas passadas do que os adultos?

Eu com certeza já percebi isso — e não sou a primeira a dizê-lo, pois existem estudos inteiros sobre esse fenômeno. As crianças muitas vezes têm consciência de alguns aspectos de suas vidas passadas. Elas ainda estão ligadas a outro tempo e lugar. Existem até casos de crianças que falam línguas estrangeiras que nunca ouviram antes, pelo menos nesta vida. Uma vez uma mulher me procurou e contou que a família dela tinha acabado de celebrar o aniversário de 4 anos da sua neta. A criança estava assoprando as velinhas e a avó disse, por brincadeira, "Só se lembre de uma coisa: eu sempre serei mais velha que você!" A garotinha olhou bem para ela e disse, "Mas da *última* vez, eu era mais velha que você!" Foi algo no jeito como ela falou e olhou para a avó que fez com que esta soubesse que a neta estava se referindo a outra vida que elas tiveram juntas. Ela me disse, "Eu me senti mal, porque sabia que ela queria dizer, 'Eu me lembro!'"

Na sua tenra idade, as crianças ainda estão conectadas com o plano espiritual e ainda se lembram das suas outras vidas. Pode ser um detalhe pequeno, como se lembrar de um fragmento da sua antiga rotina diária, ou algo especial que lhes causou impressão. Por exemplo, uma mulher que veio me ver algumas vezes tinha um filho de 7 anos. Quando ele estava com 5 ou 6 anos de idade, contou-me a mãe, ela e o marido o levaram para ver o filme *Bambi*. No caminho, o garoto começou a falar sobre o filme, do que ele se lembrava. Minha cliente e o marido ficaram intrigados e surpresos. "Do que você está falando?", o pai perguntou. "Você nunca viu esse filme antes." Mas o garoto insistiu e realmente parecia saber detalhes do filme. Os pais ficaram muito surpresos, sem atinar como o filho podia conhecer tantos detalhes do filme. "Como você pode saber tudo isso, se você nunca viu esse filme antes?", perguntaram a ele. "Mas eu já vi", ele explicou. "Foi quando eu morava numa grande casa verde e meu nome era Walter!" Ele tinha visto *Bambi* da última vez em que estivera na Terra.

Depois que evoluímos e não voltamos mais para a Terra, qual é o nosso propósito?

Nesse ponto, já somos mestres espirituais, somos líderes, que se reportam diretamente a Deus, e ao mesmo tempo somos um com Ele, como a mão direita se reporta à cabeça. No entanto, só porque não precisamos mais reencarnar para aprender lições, isso não significa que não podemos voltar à Terra. Um mestre espiritual pode optar por voltar — seria o que chamamos de sacrifício — para fazer um bem maior numa determinada época.

Por que certas pessoas fazem parte da nossa vida?

Fazemos contato com aqueles que, por propósitos kármicos, estão na nossa vida para nos apoiar e nos ajudar a crescer.

Às vezes, encontramos pessoas que parecem não ter nenhuma razão para nos amar. Não temos laços sanguíneos com elas, as nossas histórias de vida são completamente diferentes, mas existe uma conexão entre nós. Existe alguma coisa nelas de que simplesmente gostamos muito, algo que é enriquecedor para nós e que não sabemos precisar bem o que é. Elas gostam muito de nós e nós gostamos delas. Eu não tenho filhos, mas existem pessoas na minha vida agora que me são tão queridas quanto se fossem meus próprios filhos. Meu genro não faz parte da minha família biológica. Ele é casado com a filha de John. Mas ele é como um filho querido para mim. E eu sei que ele sente o mesmo. Ele escreveu um poema encantador para mim, emoldurado e tudo, sobre como se sente em relação a mim. Foi um presente bastante especial, e eu o amei por isso e pelo fato de ele ser quem é.

Não existe essa coisa de "apenas amigos". Qualquer pessoa com quem você tenha amizade tem uma ligação de longa data com você, que já dura muitas vidas. Também existem pessoas que não fazem parte do nosso círculo familiar, mas cuja presença em nossa vida é extremamente significativa e importante. Podemos tê-las conhecido em outra vida, mas não de modo muito profundo. Digamos que você tenha morado na mesma rua durante 25 anos e comprado pão na mesma padaria, toda semana. Sempre que havia um casamento, você comprava o bolo lá e, quando ocorria um enterro na família, os donos da padaria enviavam uma caixa de biscoitos com suas condolências. Eles não eram da família, nem amigos de fato, mas eram o esteio da vizinhança, pessoas com quem você conviveu durante um período da sua vida e eram conhecidas, amistosas e se importavam com você. Na vida seguinte, você se casará com alguma delas? Provavelmente não. Mas elas podem estar no seu time de boliche — torcendo pelos seus strikes, lamentando as suas bolas fora, compartilhando uma cerveja. Esquecemo-nos desses relacionamentos, e eles são extremamente importantes, muito terapêuticos de maneiras que nunca paramos para considerar. Cada um desses indivíduos está na nossa vida por uma razão.

Isso significa que temos um relacionamento espiritual com o Maracanã inteiro, caso formos assistir a um jogo?

Não, não haveria uma ligação entre vocês, a não ser, talvez, torcer pelo mesmo time, embora eu saiba que para alguns essa é uma experiência espiritual. Estou falando de pessoas com quem você convive durante um certo tempo. O seu time de boliche, pessoas com quem você compete, com quem faz uma refeição ou toma um drinque ou com quem faz piada, compadece-se e com quem briga — isso é diferente de uma pessoa que calha de se sentar ao seu lado. Se você compra ingressos para a temporada inteira e de fato trava um relacionamento com a pessoa que se senta ao seu lado, é diferente. Isso facilmente faria dela alguém da família espiritual da qual estou falando. Mas nem todo garoto que vende amendoins, flâmulas ou programas de jogos tem uma relação espiritual com você.

Se os espíritos reencarnam, como podemos conservar uma única identidade e nos relacionar com um único grupo de entes queridos — vivos ou mortos — e ter os mesmos gostos e aversões?

Quando reencarnamos, tendemos a vir num grupo de almas. Não quero dizer com isso que um bando de almas pega um ônibus cósmico juntas, como um time de basquete do colégio, a caminho de um campeonato numa cidade distante. Quero dizer que essas almas, de uma maneira meio escalonada (durante gerações: filhos, pais, avós etc.), vêm para este mundo com ligações muito antigas entre si. Os relacionamentos diferem. Pense que a sua família, seus amigos e conhecidos estão sendo embaralhados, redesignados e reciclados. Talvez seja um jeito grosseiro de dizer isso, mas é a ideia básica. Numa vida você é o filho, na outra você é o pai. Na seguinte, você não é da família, mas a amizade entre vocês é tão forte que é como se você fosse um membro da família. Portanto, não equivale a dizer que, se você teve dezesseis ou sessenta vidas diferentes, você terá essa quantidade de grupos de entes queridos. Na grande maioria, serão os mesmos espíritos — cada um deles colaborando para que os outros membros do grupo aprendam a amar, cresçam e evoluam. Com respeito ao papel que desempenhamos, Shakespeare disse de maneira brilhante: "O mundo todo é um palco e todos os homens e mulheres são meros atores". Basicamente ele diz que o indivíduo é como um ator que vem ao mundo para interpretar um papel. Robert Downey Jr. pode desempenhar o papel de Charlie Chaplin e, anos depois, interpretar o papel do Homem de Ferro. Cada um desses personagens pode ter características diferentes e maneirismos que o ator escolheu cultivar — seja conscientemente ou não. Mas a essência do ator é a mesma alma básica. Assim como dizem que o nosso paladar muda de sete em sete anos (portanto, se você não gostava de brócolis quando era criança, pode ser que goste agora), as nossas ideias também podem mudar, os nossos gostos podem mudar numa única vida, que dirá em várias. Portanto, certamente a alma não ficará estática em seus gostos e aversões — nem deveria, se estamos mesmo nos esforçando para evoluir! Mas certas coisas provavelmente permanecem e são características intrínsecas dessa alma em particular.

Você disse que estamos todos aqui para aprender lições. E se não passarmos no teste?

Enquanto estamos aqui deste lado, existem inúmeras lições que podemos tentar aprender várias e várias vezes. Nem sempre — às vezes só temos uma chance nesta vida para acertar —, mas na maioria dos casos, temos uma segunda chance, ou mesmo uma terceira, quarta ou quinta. Em muitos casos, "acertar" é um conceito subjetivo e pode significar pelo menos "tentar" fazer certo. Em todo caso, ninguém está aqui para julgar, mesmo que pense assim. Como isso me inclui, não posso realmente dizer quem está passando no teste e quem não está. Só posso ter a minha própria opinião a respeito. E faço tudo o que é possível (tendo em vista que sou humana) para só ter uma opinião sobre se *eu* estou fazendo as coisas direito ou não. Em geral, acho que estou fazendo um bom trabalho. Mas, por mais que eu brinque e tenha me acostumado ao fato de que não nos damos bem, estou realmente preocupada com o meu relacionamento com a minha sogra. Tenho consciência de que ele é kármico e que representa um desafio para mim. Existe nele uma lição que preciso aprender. Tendo a fazer piada, dizendo que a lição é aprender que não se pode agradar todo mundo, mas às vezes me preocupo, pois acho que essa resposta é um pouco superficial e que há algo que ainda não compreendi. Isso realmente me preocupa. E, para ser bem sincera, isso me magoa e eu me pergunto se também magoa a ela. Às vezes sinto que já fiz tudo o que era possível e tento imaginar o que mais poderia fazer. Por que não consigo resolver essa questão? Seja o que for que ainda possa acontecer aqui, sei que, quando chegar ao Outro lado, eu terei as respostas, mas também me preocupo com a possibilidade de precisar voltar e tentar outra vez aprender a mesma lição. Pessoalmente não posso responder à pergunta "e se", mas posso sugerir uma maneira de abordarmos as nossas lições aqui: tente ter consciência de que os desafios que enfrentamos são lições, mantenha os olhos, a mente e os ouvidos abertos para soluções que possam ser diferentes da primeira coisa que lhe venha à mente de maneira natural. Tente olhar além da resposta mais fácil. Se as respostas forem fáceis, não será bem uma lição — e isso fará com que fiquemos no mesmo lugar, sem progredir de fato.

Se meu parceiro e eu brigamos, isso significa que não somos almas gêmeas?

Ai, Deus! Esse é o maior mal-entendido que existe neste mundo! É como se fosse um conto de fadas — encontramos nossa alma gêmea e vivemos felizes para sempre! Isso é uma grande bobagem. Deixe-me esclarecer de uma vez por todas: almas gêmeas ainda estão evoluindo. Vocês ainda precisam se expor, investir no relacionamento, prestar atenção, dar um pouco e receber um pouco (ou às vezes dar muito e receber pouco). Quando estamos no plano terreno, todo relacionamento é, antes de tudo, humano, o que significa que é meio tumultuado. É preciso dedicar-se às nossas lições, equilibrar o nosso karma. Isso não significa que estamos livres da discórdia. Acho que muitas pessoas têm uma ideia completamente errada a respeito de almas gêmeas. Elas acham que é como estar num lugar cheio de gente, como numa festa ou numa estação de trem, e então trocar um olhar e sentir como se uma lâmpada estourasse ou soltasse faíscas, ouvir um estalo e se mover um na direção do outro em câmera lenta e depois correr para o cartório ou a igreja mais próxima, casar-se e viver felizes para sempre. Isso é pura maluquice. Em primeiro lugar, as almas gêmeas podem nem ser amantes — podem ser irmão e irmã, dois irmãos, duas irmãs, pai e filho ou amigos. Basicamente, pode ser qualquer combinação de duas pessoas entre as quais exista um fluxo de energia saudável, belo e harmonioso que parece surgir naturalmente. Quando entramos em contato com a nossa alma gêmea é porque existe uma tarefa que Deus quer que façamos juntos. Muitas vezes não existe nada de romântico nisso, só um sentimento profundo entre elas, um grande respeito, um compromisso inquebrantável com algum trabalho. Independentemente de essa parceria tomar a forma do que julgamos um relacionamento romântico, ela pode ser tumultuada no início, pode haver aspectos kármicos a serem trabalhados antes que possam fazer algo juntos, por assim dizer. Pode até demorar anos antes que surjam a tranquilidade e a harmonia que associamos com as almas gêmeas. Meu marido, John, é perfeito para mim. Mas ninguém deduziria isso dos nossos primeiros dez anos. Semana sim, semana não, chegávamos à beira do divórcio, quase sempre por fatores externos. Entrávamos constantemente em atrito por causa de outras pessoas. Foi preciso um tempo incrivelmente longo para que nos livrássemos dessa negatividade e, às vezes, eu não sei como conseguimos ficar juntos e atingir a profunda felicidade e alegria mútuas que temos hoje. Obviamente, a ligação entre nós era muito forte, mesmo quando parecia não ser. Posso olhar para outro relacionamento, testemunhar muitas brigas e fazer um mau julgamento: "Eles não são almas gêmeas de jeito nenhum!" Mas isso não é justo — não tenho como saber que ligação é essa, o quanto ela é forte e profunda, qual é o seu propósito ou pelo que esse casal precisa passar antes de encontrar um equilíbrio. Ainda há outra coisa: acho que muita gente superestima essa coisa de alma gêmea. Em alguns aspectos é como dizer, "Este é meu chapa" ou "minha cara-metade". Trata-se desse tipo de ligação. A tendência para dramatizar demais quem ou o que é uma alma gêmea é o que causa a decepção ou pode levar uma pessoa a pensar que não tem alma gêmea ou ainda não a encontrou.

Então a ideia romântica de uma alma gêmea não é real?

Para ser franca, geralmente não. No entanto, acontece, de tempos em tempos, o tipo de conto de fadas que costumamos associar à história de almas gêmeas. Quando um dos meus clientes tinha 11 anos de idade, ele foi visitar um primo que morava noutra cidade. Lá ele conheceu uma garotinha alguns anos mais jovem — ela tinha apenas uns 8 anos. O primo os apresentou e eles se cumprimentaram e apertaram a mão um do outro. Ao tocar a mão dela ele literalmente levou um choque elétrico. Quando tinha 22 anos, ele conheceu uma moça. Ela parecia vagamente familiar. Eles conversaram um pouco e perceberam que já tinham se conhecido quando crianças. Ela era a garotinha que tinha lhe dado um choque ao lhe apertar a mão. Ele me contou que nunca se esqueceu da experiência e, no fundo, sabia que essa ligação, o choque, e o reencontro entre eles não eram coincidências, mas uma indicação de que alguma coisa nela era familiar para o cerne de sua alma. Eles já estão casados há 35 anos.

Por que algumas famílias são tão unidas e outras nem parecem uma família de fato?

Todas as famílias são kármicas. Já estivemos aqui antes e voltamos juntos para que cada alma tenha uma lição kármica de vida. Talvez essa pergunta tenha uma resposta mais específica, mas não sei qual é. Parece algo mais individual. Uma família pode parecer unida, mas um acontecimento marcante — uma morte, uma doença, uma traição, até algo "acidental" — pode desintegrá-la completamente. Em algumas famílias, todos estão espalhados pelo mundo, os filhos estão morando em cidades diferentes ou até em países diferentes, mas eles ainda se reúnem nas datas festivas ou quando há uma crise familiar. Na minha própria família, posso dizer que, do lado de minha mãe, ela e os dois irmãos foram internados num orfanato quando ela tinha apenas 5 anos.

Ela ficava na ala feminina e os irmãos na ala masculina, separados um do outro. Quando saíram de lá, continuaram em contato. Eles se casaram e permaneceram casados até o final da vida. Moraram em estados diferentes, mas se esforçavam para não perder contato, telefonavam-se e visitavam uns aos outros. Como saber, karmicamente, por que eles tiveram que passar pelo que passaram, viver uma infância tão horrível num orfanato horroroso? Mas, seja qual for a razão, isso não os separou. Eles continuaram unidos em espírito, mesmo quando estavam distantes uns dos outros, e se reuniam quando possível. Numa família, todos podem viver em casas vizinhas, mas nem sequer falar uns com os outros. Podem cultivar ressentimentos por pequenos desentendimentos e praticamente inventar motivos para não se falar. Os filhos podem nem ir ao casamento dos primos. Então alguns deles podem ficar intrigados sobre a razão pela qual ninguém quer se reunir nas festas de final de ano. Bem, não adianta quando a vontade de ter uma família unida não é mútua. Você precisa investir no relacionamento se quer um clima efusivo e caloroso nas reuniões de família. Você não pode ligar e desligar a família e esperar que essa sua fantasia se realize. Você precisa se empenhar, caso contrário não há remédio. Não quero sugerir que seja fácil ou, em alguns casos, mesmo possível. Eu sei de casos em que uma pessoa teve que deixar a casa dos pais e romper qualquer ligação familiar para poder viver em paz e se curar de suas feridas. Talvez não haja nada que essa pessoa possa fazer nesta vida, ou talvez essa família se reúna mais tarde e seja capaz de reverter a situação. Mas uma das partes ainda não estava pronta para isso ou não estava disposta a encarar o desafio, e a outra teve que se distanciar de uma situação que lhe era tóxica ou perigosa. Essa é uma solução provisória — em alguns casos, até necessária —, mas eu acredito que numa certa altura eles terão que tentar novamente.

Por que ocorrem tragédias com certas famílias, em que todos os homens morrem jovens ou há alcoolismo e doenças mentais em muitas gerações?

Todas as famílias são grupos de almas que têm uma ligação espiritual. Antes de vir para este plano, elas escolheram voltar juntas para tentar aprender determinadas lições ou superar desafios de muitas vidas. Para deixar bem claro, eu não quero dizer com isso o que parece óbvio para todos nós: que essa família pode estar passando por adversidades há várias gerações. Estou me referindo a vidas que podem estar separadas por décadas ou séculos. Desde a escola primária, quando saíamos de casa pela primeira vez, a professora nos dividia em pares, nós andávamos de mãos dadas e nós e o nosso par cuidávamos um do outro, evitávamos que nos perdêssemos ou nos separássemos do grupo. No mundo adulto, conhecemos vários grupos de ajuda mútua, desde os Alcoólicos Anônimos até os Vigilantes do Peso, em que uma pessoa vigia a outra ou informa o grupo caso um deles esteja se sentindo tentado a voltar para o álcool ou cair de boca num bolo de chocolate. Num certo sentido, o grupo anímico de tais famílias funciona idealmente como um desses grupos. Eles têm uma compreensão profunda do que os outros membros (da família) estão passando. Eles próprios vivem essa situação na pele, compartilham o mesmo contexto pessoal, mesmo quando alguns são mais fracos e outros mais fortes. Mas todos eles vieram com lembranças de feridas e fraquezas do passado. Juntos, nesta vida, eles têm a chance de recuperar seu poder, curar suas dores. Podem trabalhar juntos como um time. Se aceitarem o amor de Deus e deixarem que ele os guie, podem progredir muito.

Pode citar algumas causas do "karma familiar"?

Já disse muitas vezes que nosso karma é individual e provavelmente não é simples. Quando você está lidando com muitas almas, pode haver desentendimentos entre elas ou coisas que estão tentando aprender ou curar juntas. Num período de 24 horas, dizemos e fazemos muitas coisas que podem amenizar ou criar ainda mais karma, por isso você pode imaginar quanta coisa pode ser criada no período de várias vidas. Se aplicarmos o bom senso na nossa espiritualidade, temos mais chance de expiar o nosso karma — familiar ou de qualquer outro tipo. A palavra "desculpe" é uma ótima ferramenta, para começar. Essa palavra apenas, se dita com sinceridade, mostra disposição para mudar. Eu pessoalmente passei uma vida inteira procurando por respostas, buscando a cura, tentando encontrar uma maneira de fazer com que cada dia fosse melhor do que o anterior. E não sou ninguém especial sob esse aspecto. Todo mundo está fazendo a mesma coisa. Pela família toda!

A ideia de que todos viemos a este planeta com um karma deveria nos fortalecer e libertar em vez de nos desanimar. Por exemplo, tenho uma velha amiga que por muitos anos sofreu de depressão. Ela fez terapia e tentou encontrar a raiz dessa depressão. Ia toda semana ao consultório falar de todas as coisas negativas que tinham acontecido na sua vida. Não havia um acontecimento marcante, só uma série de coisinhas que pareciam ter se acumulado. Ela não conseguia deixá-las para trás e simplesmente seguir em frente. Foi só quando ela conheceu o conceito de karma, o fato de que, não importa o que tenha acontecido *nesta* vida, as razões para a tristeza poderiam estar em outras vidas das quais ela nem tinha consciência, que ela foi capaz de se libertar dessa tristeza e procurar uma maneira de criar e espalhar felicidade *nesta* vida. Isso é algo que todos nós podemos fazer. Não podemos mudar vidas passadas, não podemos apagar o nosso karma. Só podemos fazer o que for possível, nesta vida, para equilibrar nosso karma ou expiá-lo. Saber disso é algo extremamente poderoso.

O que vai acontecer em 2012?

Muito foi escrito sobre o ano de 2012 — como tudo vai virar de cabeça para baixo ou até mesmo ser destruído. Isso supostamente foi previsto pelo calendário maia e, segundo dizem alguns, até mesmo por um código oculto na Bíblia. Existem até aqueles que acreditam que a Terra sofrerá o impacto de um asteroide ou que alienígenas destruirão a raça humana ou colonizarão o planeta. A ideia de que 2012 será completamente diferente dos anos anteriores e posteriores não é verdadeira. Não estaremos cantando "Feliz Ano Novo" à meia-noite, desejando uns aos outros feliz ano novo e de repente "BUM!" As luzes de apagam. Ou talvez as luzes se acendam. As mudanças atribuídas a 2012 já estão em curso.

Deus não usa relógio — as mudanças já estão acontecendo à nossa volta. A questão de 2012 está ligada a uma mudança de consciência: trata-se de uma transformação espiritual. É uma oportunidade que estamos todos recebendo, independentemente de raça ou religião — ou falta de religião — para nos conectarmos com a consciência divina dentro de nós. É a chance de dizer SIM a esse convite. É bastante importante porque se dissermos sim, a humanidade passará a confiar cada vez mais no amor, e menos na força, na violência e no controle, na hora de solucionar os problemas. Eu não acredito que o mundo esteja acabando. Embora não seja a pergunta mais frequente, muita gente tem me questionado sobre isso. Por exemplo, uma mulher me escreveu dizendo que tinha medo de ter outro filho porque já tinha um e achava que nem mesmo com esse ela teria muito tempo, uma vez que o mundo iria acabar em 2012. Portanto, se tivesse outro bebê, ele ainda seria muito pequeno em 2012 e não teria chance de sobreviver. Sinceramente não tenho intenção de ridicularizar os medos das pessoas — todos nós temos medo de alguma coisa. Mas algumas pessoas gostam de destacar o negativo. (Por favor, entenda, não estou dizendo que esse é o caso da mulher que me escreveu. Só estou expondo a minha opinião.) Elas são *cheias* de medo — para elas, qualquer mudança é assustadora. As pessoas não percebem que estamos mudando o tempo todo e algumas mudanças são para melhor! A época em torno de 2012 (e, como eu disse, acontecimentos profetizados já estão em curso — coisas que são globais não acontecem da noite para o dia) tem o potencial de conter mudanças impressionantes, mas elas não serão marcantes, caso não aceitemos o convite de Deus para pormos mais amor na nossa vida e usar esse amor como o principal meio de relacionamento humano. As notícias não estão focadas no positivo, mas existem coisas boas acontecendo o tempo todo. Estamos ficando mais responsáveis com relação às outras pessoas e ao planeta, existem muitas belas histórias que não estão sendo divulgadas.

Acho que o que eu diria para qualquer um que ainda esteja preocupado com a possibilidade de o mundo acabar em 2012 é: não se preocupe tanto. Você não pode passar a vida toda preocupado! Você quer saber o que vai acontecer ou onde estará em 2012? *Planeje* algo. Coloque isso no seu calendário — uma viagem para a Disneylândia ou para a Itália, como preferir. Coloque os trocados num cofrinho e cole nele o rótulo: 2012. Isso é para a sua viagem. Se alguém tentar preocupá-lo, dizendo "Todo mundo vai para o inferno quando começar 2012", você pode dizer, "Você pode ir para onde quiser. Eu vou para a Disneylândia".

O que precisamente os animais fazem por nós?

A melhor maneira de explicar isso é dizer que os animais trazem até nós o amor de Deus. Existe todo tipo de animais. Não sei se cada animal traz um aspecto diferente do amor divino ou se cada um de nós reconhece um tipo de animal e se relaciona com ele, e dessa maneira Deus leva seu amor até nós de um jeito que o aceitemos. Podemos pensar nisso como a embalagem de um produto — cada embalagem atrai um tipo diferente de pessoa. Algumas pessoas (muito poucas, graças a Deus) dizem que não gostam de animais, mas então aparece um gatinho abandonado ou um esquilo machucado e elas se comovem apesar de tudo. Alguns não fazem distinção entre os animais — adoram todos eles, sejam peludos, emplumados ou cheios de escamas. (Podemos não gostar de todos os insetos, mas tentamos!) De vez em quando eu tenho uma noite ruim, quando não consigo dormir, talvez por ir para a cama chateada ou preocupada. Uma noite, em particular, eu me sentia completamente estressada; estava inquieta e virava na cama o tempo todo. Meu irmão Harold apareceu e me levou até um lindo laguinho, com patinhos nadando, cãezinhos correndo em volta e fazendo confusão. Ele me disse, "Você pode brincar com eles, pegá-los no colo..." Eu me acalmei totalmente. Não só me acalmei, mas fiquei exultante. Tão relaxada e feliz! É verdade que os animais são um presente de Deus — eles podem mudar a nossa atitude e a companhia deles pode nos curar. O mais engraçado é que, mesmo quando achamos que nós os estamos ajudando, na verdade somos nós que estamos sendo ajudados por eles. Se tentamos ajudar um passarinho que quebrou a asa, dedicamos a ele nossos cuidados e atenção, mas o sentimento que esse animal nos desperta é o de automerecimento. Se tentamos acalmar nosso cachorro, que treme ao ouvir um trovão, temos a oportunidade de exercitar nossa compaixão. Cada criatura nos traz uma dádiva diferente, mas todas as coisas boas são diferentes formas do amor de Deus.

Existem animais ruins?

Na realidade, não. Todo animal vem de Deus. Toda criatura está aqui por alguma razão. Às vezes um animal pode cruzar o nosso caminho ou nos assustar, mas isso não muda nada. Muitos ursos rondam a nossa casa nos bosques de Nova Jersey. Na primavera passada, John estava trabalhando no jardim e, quando por acaso olhei pela janela da cozinha, vi um urso bem atrás dele. Bati a janela para chamar a atenção do meu marido e ele conseguiu pegar na garagem a buzina de ar (deveríamos chamá-la de buzina de urso, porque a compramos só com esse propósito) e espantar o animal. Um pouco depois disso, logo após uma noite de autógrafos numa livraria, recebi uma mensagem de uma mulher que estava presente. Ela dizia, "Você me falou que eu deveria tomar cuidado no caminho para casa e, quando eu estava dirigindo, um urso apareceu na frente do meu carro! Ainda bem que eu estava prestando mais atenção!" Fico feliz pelo urso não ter comido John e também pelo fato de aquela adorável senhora não ter atropelado o urso, mas, se uma dessas coisas tivesse acontecido, não seria porque o urso era ruim. Seriam apenas ursos comportando-se como ursos.

Um cão pode reencarnar como um gato?

Essa é nova para mim, e eu na verdade não sou médium de animais, por isso saiba que só posso tentar deduzir a resposta a essa pergunta com base nas minhas observações, nas histórias que ouvi e nas coisas que li. Eu diria que sim, acredito que isso seja possível. Os egípcios acreditavam que nenhuma pessoa podia renascer no corpo de um animal (e eu sei que isso é verdade, pois nossas almas são diferentes — a energia dos espíritos dos animais tem uma frequência diferente da energia dos espíritos humanos), mas eles nunca disseram que um animal não poderia voltar no corpo de outro animal. Existem certos cães que se comportam de modo muito semelhante a um gato — são indiferentes, exigentes e sempre estão à procura de uma almofada macia onde se enrodilhar. Como exemplo do oposto, uma amiga minha estava me contando sobre o gato de uma conhecida, que traz a bolinha quando a dona a joga e pede que vá buscar. Esse gato busca a bolinha várias e várias vezes. Ele adora a brincadeira tanto quanto um cão, mas esse é um comportamento muito estranho para um gato. É algo comum? Não me parece, mas, como eu disse, não me considero uma especialista no assunto. Existem outros casos que você pode conhecer — a tartaruga gigante que "adotou" um filhote de rinoceronte órfão depois do *tsunami* na Indonésia ou o corvo que ficou amigo de um gatinho (há um vídeo encantador no YouTube). Será que esses são exemplos de animais que reencarnaram com uma "lembrança" de outra vida em que pertenciam a uma espécie diferente? Ou será que os animais evoluem também e esses são exemplos extraordinários de alguns que aprenderam a amar e não são mais regidos pelos seus medos tradicionais, instintivos, e são capazes de fazer amizade com indivíduos de outras espécies e ajudá-los? Pense nisso! Essas são grandes questões em aberto sobre as quais eu mesma pretendo aprender mais.

Os animais de estimação são capazes de ver espíritos?

Sem dúvida. Você nunca viu um cão que está deitado pacificamente no chão e de repente, sem nenhum motivo (pelo menos que você possa perceber), salta como se alguém puxasse seu rabo e sai correndo do cômodo? Ou um animal de estimação — cachorro, gato ou outro animal — parecendo ver algo que você não vê? Você olha para onde ele está olhando e não vê nada! Ele está vendo algo que você não está! Os animais podem não ver espíritos o tempo todo, embora os espíritos estejam entre nós o tempo todo, mas não é incomum que um animal veja um deles.

Eu tinha uma gata malhada de cinza e preto que John e eu resgatamos de um terreno baldio. Na verdade, eram dois filhotes, mas achamos um lar para a irmã dela e só ficamos com ela. Demos a ela o nome de Lucia, mas um dia chegamos à sala de estar e ali estava ela deitada, regiamente, no sofá, e John disse, "Olhe para ela — parece a Madame Foo-Foo", algo que ele inventou na hora, mas que pegou. Ela tinha muita pose e olhava para nós como quem diz, "Eu sou tudo de bom!" É engraçado como são as coisas — você sempre pensa que achou o nome perfeito para o seu animal de estimação, mas acaba chamando-o por um nome diferente. Desse dia em diante, passamos a chamá-la de Madame Foo-Foo, ou só Foo, ou às vezes Foofy. De qualquer maneira, Foo tinha o comando da casa, podia ir aonde quisesse, mas nunca se aventurava pelo meu escritório, onde eu fazia minhas consultas. Era espantoso como ela evitava esse cômodo, com certeza por causa da atividade espiritual que havia ali. Muitas vezes acontece de eu ter uma consulta no dia seguinte e os espíritos que querem se comunicar com essa pessoa se reúnem na minha casa no dia ou na noite anterior! Mas eles geralmente não saem dos limites do meu escritório. E eu sempre me sentia mal por Foo um pouco antes de fazer minhas grandes apresentações em Verona — uma multidão apareceu, muito mais gente do que numa ocasião normal, e eles não se ativeram aos limites habituais. A pobrezinha ficou apavorada. Ela não conseguiu encontrar um lugar na casa livre de espíritos! Na realidade, essa pobre garota não sabia o que ia ter de enfrentar quando veio morar com John e eu!

Os nossos animais de estimação voltam para nos visitar depois de mortos? E, se voltam, qual seria a razão dessa visita?

Ah, é muito comum que um animal de estimação morto volte para visitar o dono. E isso pode acontecer por várias razões. Pode ser apenas para confortar a pessoa ou para lhe fazer companhia. Pode ser quase por hábito — os animais de estimação muitas vezes forjam fortes laços conosco, assim como forjamos com eles. Um animal de estimação pode voltar e se fazer notar de alguma maneira para tentar nos lembrar de algo — mesmo que só queiram que nos lembremos *deles* e do amor que tinham e ainda têm por nós. Minha amiga Page, uma escritora de Manhattan, me contou que no aniversário de um ano de morte do seu gato Barney, ela descobriu pegadas de gato no parapeito branco da janela da sala, como se um felino tivesse entrado em sua casa pela janela. Imagine só, o apartamento de Page fica no terceiro andar de um prédio e a janela não tem escada de incêndio por perto ou qualquer outra maneira de um animal escalá-la. Como Page me contou, "Eu não sou a melhor dona de casa do mundo, mas não havia como ter pegadas de gato no meu parapeito e eu não tê-las visto ainda, depois de um ano!" Ela sabia que seu querido gatinho tinha lhe feito uma visita e ficou bastante comovida.

Os nossos animais de estimação reencarnam como os seres humanos?

Deus tem muitos segredos e esse é um dos que eu não sei a resposta, mas posso lhe dizer que já ouvi algumas histórias que me levam a acreditar que ao menos os animais de estimação podem agir como nossos anjos da guarda e os espíritos humanos do Outro Lado, no sentido de ajudar a colocar um novo amigo no nosso caminho. Às vezes, eles têm conosco uma conexão que lhes permite nos avisar o que está se passando, quando um novo animalzinho está chegando para que fiquemos alertas.

Depois que o meu primeiro livro foi publicado, eu estava num shopping e entrei numa livraria. Sempre gostei de parar em todas as livrarias para me certificar de que eles têm o meu livro — tenho muito orgulho dele! Vi um rapaz que trabalhava ali e então comecei a perguntar, "Vocês têm *Os Mortos nos Observam...?*" Ele disse, "Só um minutinho, acabamos de receber um lote. Estou acabando de abrir a caixa". Eu disse a ele, "Ah, tudo bem. Não vou levar, só queria ter certeza de que vocês o têm aí — é o meu livro!" Ele disse, "Ai, meu Deus, você é a pessoa mais famosa em Boonton!" Aquilo foi um elogio. Mas eu o aceitei — o laguinho pode ser pequeno, mas eu sou um peixão! Ficamos conversando um pouco e eu lhe disse que estava escrevendo outro livro e planejava incluir nele algumas histórias sobre animais de estimação, pois muitas pessoas me faziam esse tipo de pergunta. Ele disse, "Sério? Bem, vou contar a história da minha gata, então. Ela era mais do que um animal de estimação. Era tudo para mim. Mas, quando tinha 18 anos, ela ficou doente e eu tive que tomar a difícil decisão de mandar sacrificá-la. Eu me senti péssimo com isso, mas não conseguia mais suportar seu sofrimento. Era a melhor coisa que eu poderia fazer por ela, mesmo que aquilo fosse acabar comigo. Aquela noite eu sonhei que a gatinha estava deitada aos pés da minha cama. O sonho era muito real e a gata me disse, "Em seis meses, eu estou de volta". E prosseguiu, "Eu serei toda preta e estarei com meu irmão". Bem, seis meses se passaram e o rapaz ficou contando os dias no calendário, sabendo que já estava na época da gata voltar para ele, caso o sonho fosse verdadeiro. Então o que ele fez? Começou a verificar todos os abrigos de animais das redondezas, um após o outro. Ele me disse que, literalmente, foi a uns dez abrigos diferentes, procurando por uma gata toda preta com um irmão. Por fim, no último abrigo, ele descobriu um par de gatos que combinava com a descrição, assim como sua gata tinha descrito no sonho — um casal, sendo a irmã toda preta. Ela precisava de uma cirurgia de hérnia, por isso ninguém queria adotá-la e ter de arcar com as despesas. Bem, ele arcou, e os gatos estão com ele desde então.

Outra história impressionante: minha amiga Barbara é macaco — quer dizer, de acordo com o horóscopo chinês. Ela também é uma ninfa dos bosques (para não mencionar que é mais intuitiva do que a maioria). Mora em Queens, muito próximo ao Alley Pond Park, que é, em grande parte, formado por bosques. Durante muitos anos, não havia nada que ela gostasse mais do que levar os seus cães para passear nas trilhas do parque. Barbara tinha apenas uma filha humana, mas teve muitos filhos peludos de quatro patas e era assim que ela os via. Enquanto outras pessoas têm porta-retratos com fotos da família, Barbara colocava em molduras as fotos favoritas dos seus amados cães. Quando um dos seus animais de estimação morre, para ela é tão terrível quanto perder um filho. Muitos anos atrás, Barbara teve uma mestiça de terrier com enormes olhos castanhos chamada Penélope, que se parecia muito com o Totó, da Dorothy do Mágico de Oz. Penélope era um cãozinho autoritário, mas doce e bem-comportado. Um dia, em março — 23 de março, para ser mais exata —, quando Penélope tinha 8 anos, a filha de Barbara estava andando com as amigas numa rua em frente de casa e sem perceber fez um gesto com o braço que Penélope interpretou como "Vem!" Lamentavelmente, um carro estava se aproximando e atropelou Penélope, que morreu naquela noite, na clínica veterinária. Barbara ficou arrasada. Ela decidiu que não conseguiria ter outro cachorro, simplesmente porque não podia suportar a ideia de substituir sua "filha" querida. Durante dez anos, ela não teve nenhum bicho de estimação. Então, um dia, teve um sonho muito vívido. Nele, ela viu Penélope, que lhe dizia que não havia problema se ela tivesse outro cão. Ela ficou tão tocada pelo sonho que no dia seguinte, que "por acaso" era 23 de março e domingo de Páscoa, ela colocou a foto de Penélope no bolso da blusa, bem sobre o coração, e ela e a filha foram a um abrigo de animais. (Ela me contou que na época os funcionários desse abrigo costumavam percorrer os outros abrigos da região, coletando os animais que já estavam há tempo demais nos abrigos, que não tinham sido adotados e portanto estavam na fila para serem sacrificados; portanto, muitos dos animais do abrigo que Barbara visitou estavam tendo sua "última chance".) Por incrível que pareça, ele estava aberto no domingo de Páscoa, mas por causa do encontro tradicional de família, Barbara e a filha só conseguiram chegar lá no final da tarde, quando estavam quase fechando. Mesmo assim, mostraram a elas os animais e, quando caminhavam pela fila de gaiolas e cômodos, a filha disse, "Que tal aquele lá, mãe? Não acha engraçadinho?" Mas Barbara não sentiu nada e continuou procurando. Por fim, chegaram à última ala — quando entraram, viram diante de si várias gaiolas e outras, à direita e à esquerda. De repente Barbara sentiu uma queimação na parte superior das costas, bem entre as omoplatas, como se as suas costas estivessem pegando fogo. Era tão intenso e estranho que ela se virou para ver o que estava causando a sensação e notou que havia mais gaiolas atrás que ela não tinha visto antes. Seus olhos se fixaram imediatamente na prateleira de cima de uma delas, onde havia um cão idêntico à Penélope — a não ser pelo fato de que se tratava de um macho e seus olhos eram cor de âmbar. Sem fazer sequer uma pergunta sobre o cachorro (quantos anos tinha ou se era saudável), Barbara foi até ele e disse, "Você quer ir para casa comigo?" Os lábios do cão estremeceram como se ele estivesse tentando falar e seus olhos comunicaram, "Sim!" Barbara nem se surpreendeu ao saber que esse cão, cujo nome era Zachary, tinha sido trazido de outro abrigo algumas horas antes de Barbara e a filha chegarem. A caminho de casa, o pobre Zachary vomitou no carro, mas Barbara não se importou. Ela disse à filha, "Você vai ver. Quando chegarmos em casa, esse cão vai entrar sem hesitação nenhuma e agir como se tivesse vivido ali a vida inteira!" E foi exatamente o que aconteceu!

Os animais de estimação têm karma como os seres humanos?

Basicamente, o karma é um processo de equilíbrio entre nossas ações positivas e negativas de vidas em vidas. Somos espiritualmente "responsabilizados" pelas nossas ações, uma vez que temos o dom do livre-arbítrio. Em sua maior parte, as escolhas que fazemos não são escolhas de vida ou morte. Às vezes são, mas em sua maioria elas são preferências — gostamos mais disto do que daquilo. Não importa o quanto você ache seu cão ou gato astuto, os animais não podem intelectualizar se um comportamento é bom ou ruim, certo ou errado. Eles agem simplesmente por instinto. O gato tem uma dívida kármica por matar um rato? Não. Um cão terá acumulado karma se mastigar os seus sapatos favoritos? Podemos até achar que ele *deveria* ter, porém mais uma vez a resposta é não. Se uma pessoa é comida por um urso, é por causa do karma *dela* que isso aconteceu. O urso não acumula karma por devorar uma pessoa. O único karma dos nossos animais de estimação é o karma do amor incondicional. O único karma que os animais em geral têm é ser uma bênção de Deus. Só não me pergunte como ser comido pode ser uma bênção!

O animal tem o mesmo tipo de alma que a pessoa tem?

Na realidade, essa pergunta tem implicações maiores do que aquilo que foi escrito em outros lugares, mas de fato acho que isso é um mistério para o qual não obteremos uma resposta até que estejamos do Outro Lado. Existe algo de muito especial na dádiva que os animais representam para nós; eles são uma ligação anímica muito real com Deus. Mas eu não saberia dizer qual é a situação com relação à alma deles, propriamente dita. Ainda assim, isso é muito óbvio para qualquer um que tenha, por exemplo, um cão-guia ou um animal que o tenha alertado para o cheiro de gás dentro de casa ou que tenha se aproximado e lambido seu rosto quando estava passando por um divórcio. Os animais são tão amorosos! Ao longo de história, tomamos conhecimento de vários relatos sobre alguém que se machucou e foi salvo por um animal que enfrentou o diabo para levar ajuda até essa pessoa — muito antes de Timmy e Lassie! Só Deus sabe que ligação é essa. Como sei que essa resposta não é muito satisfatória, só quero dizer que é uma dádiva divina, e eu acho que aqueles que compreendem isso são de fato abençoados.

Esta é a história que uma das minhas clientes me contou: durante anos, ela teve dois gatos, irmãos, mas que não se pareciam em nada. Um era pequeno e totalmente preto, enquanto o outro, chamado Echo, era um gato malhado enorme. Como ele era muito maior do que o irmão, a minha amiga costumava zombar dele — com carinho, é claro —, chamando-o de Double Cat [Gato Duplo]. O irmão menor já tinha morrido três meses antes, quando uma manhã, por volta das 5 horas da manhã, antes de o sol nascer, ela ouviu Echo fazendo um barulho estranho, que a acordou. Na realidade, ele estava tendo um ataque do coração e, antes que ela pudesse fazer qualquer coisa, ele morreu. Como você pode imaginar, ela ficou consternada. A clínica veterinária não tinha nem aberto ainda. Ela até ligou para o serviço de emergência, mas não havia mais nada que pudessem fazer por ele, por isso ela esperou até o início do horário comercial e levou o corpo do animalzinho para que fosse enterrado. Voltou para casa muito triste e deitou-se na cama, aos prantos. De repente, ela percebeu que estava rodeada por uma luz REALMENTE intensa. Aquilo chamou a sua atenção e ela parou de chorar. Com o olho da mente, ela viu claramente a imagem de um leão imenso e de ar imponente, que ela reconheceu no mesmo instante como sendo Double Cat, e ouviu as seguintes palavras: "Este é quem eu sempre fui". Foi uma visita surpreendente. Seu amado bichano estava lhe mostrando sua verdadeira natureza divina, ou alma, se preferir — "Este é quem eu sempre fui" — e ela sabia que, apesar de toda troça que fazia dele, ela o amava e, em retribuição, ele também a amava *muuuuito*, com seu amor do tamanho de um leão.

Você pode nos dar algum conselho sobre como consolar uma criança cujo animal de estimação morreu?

Para as crianças, perder um animal de estimação é como um ensaio para perder um ser humano muito amado. É a nossa primeira experiência de não poder manter ao nosso lado alguém que amamos e que nos deu alegria e conforto. Mesmo para um adulto a perda de um animal pode ser traumática, que dirá para uma criança. Se o animal foi atropelado ou simplesmente morreu de velhice, você pode dizer à criança que Deus pediu para que esse animalzinho voltasse para casa, para que ele pudesse lhe dar os cuidados de que ele precisava. Diga à criança que, se ela pedir a Deus para ter um lindo sonho com seu amigo que morreu, Ele atenderá ao seu pedido.

Os animais têm capacidades mediúnicas?

Provavelmente tanto capacidades mediúnicas quanto telepáticas. Os animais têm uma sintonia muito grande conosco e uns com os outros. E acho que nós todos, talvez em maior grau do que entre nós, também estamos em sintonia com eles. É bem provável que isso aconteça porque não nos sentimos ameaçados pelos animais, por isso estamos mais abertos a eles e à sua companhia. É de fato verdadeiro o clichê de que nossos animais de estimação (especialmente os cães — os gatos podem ser um pouquinho mais exigentes) nos dão amor incondicional.

Confesso que tenho uma sintonia muito boa com as pessoas, mas ninguém tem mais sintonia com os animais que minha grande amiga, Mushy. Ela (cujo nome é Cornelia) e eu somos amigas desde que tínhamos 9 anos de idade e eu posso afirmar que ela é a maior médium de animais que já existiu! É impressionante — cães rabugentos costumam tratá-la como a Rainha de Sabá — e nada é mais importante para ela do que o bem-estar de um animal. Eu me lembro de uma vez em que fomos visitar a mãe de Mushy, em Marco Island, na Flórida. Estávamos na praia e Mushy viu uma gaivota cair na areia com a asa quebrada. Mushy entrou em ação no mesmo instante — saiu correndo da praia e voltou com uma caixa. Forrou a caixa com uma toalha e deitou o pássaro gentilmente dentro dela. Nunca tínhamos estado naquela região antes, mas isso não deteve Mushy — ela descobriu onde havia um veterinário e dirigimos até lá. Ela disse ao veterinário, "Não me importa quanto vai custar. Se você puder curá-la, faça isso. Se não puder, você precisa sacrificá-la. Eu não quero vê-la sofrer mais!"

Mushy sempre preferiu os cães como animais de estimação. Ela tinha um casal de huskies siberianos — Beau, um macho, que chamávamos de Bowsy e tinha sido comprado quando filhote, e uma fêmea, Nicky, que fora resgatada depois de passar por três lares. Tinha sido um verdadeiro pesadelo para a pobre Nicky. Mushy encontrou-a acorrentada no porão da casa de um idiota qualquer. Ela tinha sido muito maltratada. Nicky nunca se recuperou totalmente e sempre foi uma cachorra assustada. Mas Mushy adotou-a, deu-lhe muito amor e os dois huskies foram grandes amigos até a morte. Várias vezes eu lhe disse, "Mushy, por que não adota um gato?", mas ela sempre dizia, "Ah, não, eu gosto mesmo é de cachorro". Bem, agora pasme! Logo depois que seu segundo cachorro morreu, apareceram duas feras felinas no quintal, como se soubessem que ali morava alguém de coração aberto para acolhê-los. Mas, por um longo tempo, eles mantiveram distância. Aos pouquinhos, ela ganhou a confiança deles e, para encurtar a história, esse casal de gatos — Red, um macho, e Precious (ou Mookie), uma fêmea, acabaram se tornando os novos animais de estimação da casa. Red morreu de câncer, mas Precious já está com Mushy há dez anos. Foi estranho. Era como se esses gatos soubessem. Como se tivessem recebido um chamado: "*Cornelia DiNunzio tem vaga em casa*!" e não foi preciso dizer duas vezes.

Uma das minhas clientes que mora num pequeno prédio de apartamentos na cidade de Nova York me contou uma história que ilustra muito bem esses casos em que os gatos simplesmente "sabem" das coisas. Um dos gatos dela teve câncer — ela estava fazendo tudo o que podia por ele, mas chegou um momento em que não havia mais possibilidade de tratá-lo. O gato ia morrer, era inevitável. Por isso ela simplesmente tentou fazer com que ele tivesse a vida mais confortável possível enquanto estivesse ao seu lado. Durante meses, ele dormiu enrodilhado numa almofada, ao lado da cama dela. O prédio em que ela morava ficava perto do Central Park e havia muitas pessoas que gostavam de animais por ali, muitos cães e gatos; e durante o tempo em que seu gato esteve doente, antes de morrer, foi como se todos os gatos do prédio escapassem do dono, "fugissem de casa" e fossem parar na porta dela — pelo menos seis! —, o que era muito mais do que uma simples coincidência (e você sabe o que eu penso das coincidências). Ela constantemente recolhia os gatos e os levava de volta para casa. Era como se eles estivessem prestando as suas últimas homenagens ao seu gato moribundo. De algum modo eles estavam todos conectados, e *sabiam* pelo que seu vizinho de quatro patas estava passando.

Todos os animais de estimação vão para o céu?

Todos. Todos eles vão. Isso inclui aqueles que rosnam ou arreganham os dentes para você, os gatos que enterram as unhas no sofá, o filhote que mastiga seus chinelos favoritos e até o cão "cruel" que morde o seu calcanhar. Os animais não nascem malvados ou cruéis. Todos eles são dádivas de Deus. Se alguém maltrata um animal ou o deixa passar fome, bem, os animais reagem como reagiria uma pessoa. Eles ficarão com medo ou zangados ou deprimidos e agirão de modos variados, seja escondendo-se, ganindo ou atacando. Eles fugirão até de quem quiser lhes oferecer um amor verdadeiro, pois estão tão acostumados a serem maltratados que interpretam mal até os gestos de maior carinho. Às vezes, quando você adota um animal de um abrigo, pode levar muito tempo até que consiga ganhar a confiança dele, dependendo do que ele passou antes de entrar na sua vida.

Um senhor chamado Eric me mandou um e-mail fazendo essa pergunta da seguinte maneira: "Sendo os animais também filhos do Criador, imagino que também sejam espíritos. Portanto, depois que a minha existência nesse plano acabar, poderei encontrar os animais que conheci e considerei grandes amigos enquanto vivi na Terra?" Simplesmente adorei o modo como ele formulou a pergunta. Os animais são de fato nossos grandes amigos! O que eu posso lhe dizer com certeza é que a energia que foi nosso animal de estimação foi criada por Deus e não pode ser destruída. Em que frequência ela se comunica eu honestamente não sei — ainda não domino a comunicação interespécies. Quando estou fazendo uma leitura, não ouço o animal diretamente. O que ouço é sempre o espírito me dizendo que o animal está presente. Muitas vezes eles me dão o nome dele — o que é realmente um desafio para mim, pois damos aos animais os nomes mais malucos que existem, por isso não é como tentar entender um nome como Mike ou Jane. São coisas como Babaloo ou Muggins ou não sei mais o quê! Às vezes o espírito me diz algo que o animal costumava fazer quando vivo ou me conta algo especial sobre o relacionamento deles, então eu transmito isso para o meu cliente. Mas nunca aconteceu de um cliente me perguntar sobre um animal em especial e o espírito dizer, "Não, ele não era um bom cachorro. Não foi para o céu". Até mesmo aquele animal que você nunca conseguiu adestrar irá para o céu, ou aquele que, por mais que você tentasse ensinar, sempre acabava fazendo suas necessidades no lugar errado — no chão da cozinha, no tapete da sala, no carpete do quarto de hóspedes. Uma coisa eu sempre digo: não existem acidentes. Isso vale ainda mais quando se trata do

Outro Lado, e nesse caso eu acho que isso é algo que temos que agradecer!

Qual é a maior dificuldade de ser médium?

Na maior parte do tempo, eu adoro a minha vida. Quando mais jovem, eu era muito preocupada com a ideia de me entrosar, não queria ser diferente das outras garotas, tinha as preocupações normais das adolescentes e jovens da minha idade. Mas agora me acostumei a ser quem sou, e percebo o quanto sou abençoada por ser capaz de fazer o que faço e dar um pouco de esperança e paz a tantas pessoas só por causa do meu trabalho. Então acho que não tenho muito a reclamar da mediunidade. Só uma coisa não é muito confortável: sou muito sensível às emoções. Não consigo ficar muito tempo em meio à energia negativa. Ela realmente me faz mal espiritualmente. Não quero deixar ninguém paranoico, mas eu realmente sou muito perceptiva com relação ao que uma pessoa está sentindo quando eu a encontro. Um exemplo que faz com que eu me sinta realmente saudosa ou triste é que, quando eu era uma garotinha, simplesmente adorava *The Andy Griffith Show*. Achava que Opie era o garoto mais sortudo do mundo por ter Andy como pai, embora, é claro que eu amasse meu pai. Mas ele parecia tão simpático e gentil! Sempre sabia como resolver todos os problemas engraçados que todos ao redor dele criavam. Bem, um dia, quando eu tinha uns 11 anos, minha classe foi fazer uma pesquisa de campo no Aeroporto de Newark. Eu não fazia ideia do que ele estava fazendo em Newark, só sei que alguns colegas apontaram na direção de Andy Griffith, que parecia ter acabado de desembarcar de um avião. Eu fiquei empolgadíssima ao ver a estrela do meu programa favorito e achei, naturalmente, que aquela era a minha grande chance de conseguir um autógrafo. Corri até ele e disse, "Você é Andy Griffith?" e, com o maior ar de impaciência e desprezo ele respondeu, "Eu era uma hora atrás, garota". Pude sentir a energia dele de um jeito tão forte! Só não sei por que ele ficou tão irritado só porque uma garotinha estava tentando falar com ele. Logicamente, eu sabia que não era nada pessoal; talvez tivesse perdido sua bagagem ou algo assim. Mas sua contrariedade e desdém simplesmente me feriram e eu fiquei muito magoada.

Aprendi ao longo dos anos a não me envolver em situações em que a energia comece a ficar mais hostil. Mas, antes de realmente aprender essa lição, trabalhei num lugar em que o chefe era um completo psicopata, um lunático alucinado. Ele nunca falava numa voz calma; ele gritava com todo mundo. Era uma tortura trabalhar ali, mas houve um tempo em nossa vida em que John e eu realmente precisávamos daquele dinheiro. Infelizmente, eu era tão sensível à energia que esse sujeito não só me dava dor de cabeça; ele conseguia atingir o âmago da minha alma e me deixava doente. Eu estava só começando a me curar dos dez anos de maus tratos que sofrera com a família do meu marido e trabalhar ali não estava ajudando muito. Um dia, esse sujeito ficou tão paranoico, gritando comigo, que percebi que tinha que ir embora dali, não importava o que acontecesse — ele estava matando minha alma. O problema era que eu não podia me demitir, eu tinha que ser demitida. Então procurei o meu gerente e disse que ele tinha que me demitir ou eu iria sair dali e voltar com um advogado e processar o chefe por comportamento abusivo. Eu não era uma moça de fazer ameaças à toa e acho que o gerente sabia. Percebi que tinha que cumpri-las. Fui para casa e disse a John o que tinha feito e planejamos o que faríamos no outro dia. Na manhã seguinte, levantei-me, fui para o escritório bem cedo e encaixotei minhas coisas em seis caixas. Eu estava pronta. Um pouco mais tarde, chamaram-me na sala do chefe e eu estava perfeitamente calma, porque sabia que o gerente tinha tomado todas as providências para que eu fosse despedida e desse o fora dali. Entrei e fiquei em pé diante do chefe. Suas narinas estavam infladas; seu rosto, vermelho; ele estava gritando comigo e eu fiquei só olhando por cima do ombro dele a paisagem na janela, observando John sair do carro, justamente como tínhamos combinado. Eu estava praticamente cantarolando uma musiquinha na minha cabeça. Ele finalmente disse, "Você está despedida!" e eu tive que me esforçar para não dar uma gargalhada. Eu apenas disse, "Tudo bem, Tom". Voltei para o meu cubículo e ele literalmente andou nos meus calcanhares para ter certeza de que nenhuma das minhas amigas ousaria se despedir de mim, me desejar boa sorte ou coisa assim. Saí do cubículo e ali estava John, que disse, "Tudo bem, querida, onde estão suas coisas?" e então meu chefe — quero dizer, ex-chefe, graças a Deus — percebeu que eu sabia todo o tempo que seria despedida. Ele adorava humilhar as pessoas, mas dessa vez não teve o prazer de me ver chorar ou mesmo encaixotar minhas coisas. Tudo estava pronto! Eu fui protegida pelo Outro Lado.

Os espíritos às vezes a deixam "descansar" e ficar sozinha?

Não tenho queixas dos espíritos. Se quero um pouco de paz, peço a eles, educadamente, mas com firmeza, para se acalmarem e me deixarem dormir ou fazer o que quer que eu esteja fazendo, e eles são muito respeitosos com relação aos meus desejos. Para ser bem franca, tenho mais problemas com os vivos. Não há um lugar a que eu vá em que não encontre alguém que não me peça uma leitura na hora ou coisa parecida. Minha lista de espera é longuíssima e se eu deixasse minha assistente, Elena, abri-la, não posso nem imaginar onde ela iria parar. Mesmo assim recebo telefonemas e e-mails e sou abordada em reuniões sociais. Sinceramente compreendo qualquer pessoa que tenha perdido um ente querido e esteja desesperada por notícias, por algum tipo de consolo ou por informações de uma fonte autorizada, mas eu sou uma só. Também compreendo médicos e advogados que, bem sei, são abordados do mesmo modo, muitas vezes por pessoas que eles acabaram de conhecer, para uma consulta rápida. Dá para imaginar? Você é médico e trabalha o dia inteiro e depois vai a uma festa. Tudo o que quer é tomar um drinque, rir e relaxar como todo mundo, e tem gente que vem com aquele papo, "Tenho um problema de estômago — sai um monte de troço verde de dentro de mim...?". As pessoas realmente não entendem o que é necessário para se fazer uma leitura. Para elas, trata-se de uma simples conversa. Mas é algo que exige um bocado de energia física, é exaustivo. Quando vou a uma festa, não quero ficar conversando com os mortos. Estou ali para *me divertir*! Quero falar sobre sexo, drogas e rock'n'roll. Posso não *fazer* essas coisas, mas prefiro conversar sobre elas.

Já houve algum momento em que os espíritos importunaram você?

Na maior parte do tempo, eles não fazem isso. De vez em quando podem me amolar um pouco ou, se não estou esperando por eles, posso me sobressaltar, mas estou bastante acostumada. Acho que se houver algo que eles queiram que eu faça e eu não fizer, talvez eles me deem um pouco de trabalho.

O Outro Lado teve uma grande participação na compra da casa onde eu e John moramos. Eles nos ajudaram a encontrá-la e a termos condições de pagá-la. Eles tinham grandes planos para ela. Mas isso foi antes de eu ir a público, quando ainda não tinha decidido se poderia ou mesmo iria querer fazer isso. E eles não ficaram muito felizes com a minha ambivalência. Viviam acendendo e apagando as luzes. E não era apenas quando deixávamos um cômodo. Eles faziam isso enquanto estávamos no cômodo. E não apenas as luzes, mas também a TV. John costumava ficar irritadíssimo, pois eles desligavam a TV justamente quando ele estava assistindo algum programa ou jogo — a TV simplesmente apagava. Sem nenhuma razão. Bem, sem razões elétricas, pelo menos. No entanto, depois que eu tomei a decisão de atender ao público, esse tipo de coisa nunca mais aconteceu. Embora aquilo fosse constante e aleatório, agora raramente eles fazem algo, e é sempre de um jeito amigável, como na ocasião em que fui passar uma semana na cidade do México. No dia em que voltei para casa, eles fizeram um pequeno show de luzes para mim — minha assistente, Elena, e eu tivemos que passar o dia indo de cômodo em cômodo e desligando as luzes. Assim que nos afastávamos, eles acendiam de novo. Mas era mais uma brincadeira, só para dizer, "Bem-vinda ao lar!" Sempre há alguma coisa acontecendo, mas estou acostumada. E também tenho um elaborado sistema de alarme para me alertar se se trata de um "intruso" de carne e osso ou de um espírito. Até agora, tem funcionado — só recebi a visita de um bando de caras mortos. Eu convivo com eles e eles convivem comigo.

Por ser médium desde criança, você sempre soube que escreveria um livro e seria uma pessoa conhecida do público?

Não exatamente. Eu não fazia ideia de que escreveria livros, mas sem dúvida "sabia" que seria, de algum modo, o centro das atenções. Até certo ponto, isso faz parte da minha personalidade — também fui eleita a palhaça da classe no ensino secundário. Mas chegar onde cheguei foi um caminho tortuoso. Um incidente marca essa trajetória. Em 1979, eu estava trabalhando como recepcionista em Clifton, Nova Jersey, numa empresa de perfumes e aromas chamada Givaudan. Para mim era só um emprego. Eu não era exatamente apaixonada pelo que fazia. Embora não estivesse fazendo muito nesse sentido, eu acreditava que um dia iria me apresentar diante de imensas plateias, por isso supus que seria atriz. Isso casava muito mais com a minha personalidade do que atender ao telefone e fazer café. Em todo caso, por volta dessa época, conheci um rapaz e saía muito, ficava fora até tarde e chegava constantemente atrasada no trabalho, o que fazia de mim, embora eu não ligasse, uma funcionária não muito querida pelos chefes. Na realidade, eu sabia que seria despedida. "Eles" confirmaram isso e eu até sabia em que dia seria despedida. Quando fui chamada no departamento de recursos humanos, todo mundo ficou espiando de seus cubículos, enquanto eu dava a impressão de que estava no corredor da morte. Quando entrei na sala quase disse, "Vamos acabar logo com isso, já estou indo encaixotar minhas coisas". Mas, então eu pensei, "Deixe que eles tenham o seu momento de glória!", por isso não disse nada. Deixei que eles cumprissem seu papel, que era exatamente o que eu esperava, e voltei para a minha escrivaninha e juntei minhas coisas. Não sei o que me impelia, talvez o jeito como todo mundo cochichava, "Oooooh, Concetta comportou-se mal e agora está no olho da rua!", como um bando de criancinhas assustadas. Mas um pouco antes de sair da empresa, eu parei, me virei e disse, alto o suficiente para que todos ouvissem: "Só para que saibam — vocês todos ouvirão falar de mim algum dia. Hoje eu me despeço, mas vocês ouvirão falar de mim outra vez!" Sempre a rainha do drama! Estou pronta para a cena dramática, Sr. Diretor!

Posso ter herdado esse lado dramático do meu pai, Manny Ferrell. Ele era realmente impressionante. Há uma história que ouvi mais de uma vez sobre quando ele e minha mãe eram recém-casados e compraram uma lavanderia em Nutley, Nova Jersey. Meu pai era de fato um homem que se dava bem com as pessoas, ele se entrosava com praticamente todo mundo. Mas ele tinha um cliente que aparentemente decidiu descobrir se conseguiria tirar o meu pai do sério. Esse sujeito levou um par de calças para lavar. Quando foi buscá-las, tirou-as do plástico para inspecionar a lavagem e apontou uma mancha que não tinha saído do tecido. Ele disse, "Esta mancha ainda está aqui. Eu gostaria que ela saísse". Meu pai disse, "Claro!", e pegou as calças de volta. Quando o sujeito voltou para pegar as calças, ele mais uma vez abriu o plástico, chamou novamente o meu pai e apontou a mancha. Então falou, "Eu lhe disse. Queria que essa mancha saísse!" Meu pai, com toda calma, disse, "Senhor, nem toda mancha sai. Essa pode ser uma das que não saem." O homem retrucou, "Quero que você lave as calças de novo e que faça essa mancha sair". Então, meu pai pegou as calças de volta e lavou-as pela terceira vez. O sujeito voltou, pegou as calças, abriu o plástico e explodiu, "Quantas vezes vou ter que lhe dizer?! Quero que você tire esta mancha!" Meu pai calmamente tomou um par de tesouras de alfaiate, pegou as calças e cortou o local da mancha. Depois disse, com a mesma calma, "Você queria que a mancha saísse? Pois ela saiu!"

Mas eu me desviei do assunto. Mesmo sendo médium, nem sempre sei o que o futuro me reserva. E mesmo quando recebo algumas dicas, os detalhes só vêm no devido tempo. Infelizmente, o tempo do Outro Lado é bem diferente do tempo daqui. Como todo mundo, às vezes eu tenho que ter paciência.

Se você pudesse entrar em contato com algum artista, qual seria?

Suponho que você esteja se referindo a algum artista que já tenha morrido, mas o triste é que só consigo me comunicar com espíritos com quem tenho uma ligação pessoal, seja diretamente ou por meio de alguém que lhes seja caro e que ainda esteja vivo. E para dizer a verdade, alguns dos meus favoritos ainda estão por aqui. Minhas cantoras favoritas de todos os tempos são Judy Garland e Bette Midler — uma delas está do Outro Lado e a outra está aqui. Para mim, Judy Garland foi a maior artista de todos os tempos. Na época em que os artistas praticamente tinham dono, ela nunca se curvou aos magnatas dos estúdios. Ela pensava só no público. Vivia para ele. O público, para ela, era como um soro na veia. Embora eu nunca a tenha visto cantar ao vivo, ainda sou sua fã — assisto aos filmes, aos clipes de suas encenações e músicas. Gostaria de ser como Judy Garland, ter o talento dela em qualquer categoria, mas tomar decisões melhores na minha vida. Claro que adoro Marilyn Monroe também — eu e milhões de pessoas. Sou uma GRANDE fã de Marilyn Monroe. Tenho "trocentos" livros, fotografias e também um monte de fotos minhas imitando-a. Pode ser antiquado ou qualquer coisa assim, mas eu adoro "representar Marilyn". Qualquer mulher que queira se sentir atraente ou sexy pode imitá-la. E Bette Midler — estou feliz que ela ainda esteja entre nós. Adoro vê-la cantando e adoro que ela ande pela cidade de Nova York plantando árvores, cultivando jardins pela cidade e arrumando os locais que antes estavam depredados. Ela dedica bastante tempo da sua vida simplesmente tentando deixar as coisas mais bonitas. Deus abençoe a sua voz e abençoe a sua paixão por limpar o mundo! Há muitos artistas admiráveis, mas eles são protegidos pelo seu "pessoal", seus agentes etc. Muitos acabam não parecendo pessoas muito simpáticas. Mas lá está Bette Midler, vestindo luvas de borracha, catando lixo. Mostra humildade e isso é bonito. Algumas estrelas ou astros falam bonito, mas enquanto isso moram em condomínios fechados ou em fazendas em algum lugar, muito longe de todo mundo. Como se não fossem humanos, como todo mundo é. São aqueles que não estão em contato com a realidade. Eles deviam sair mais por aí — o mundo real não é um lugar tão ruim assim!

Os nossos entes queridos que morreram velarão por nós no momento em que fizermos nossa passagem para o Outro Lado?

Em geral, sim, eles velarão. E nós muitas vezes nos daremos conta da presença deles, saberemos quem é que está esperando. Mas também haverá outros, que não estaremos necessariamente aguardando, que estarão ao lado daqueles que realmente esperamos. Já fiz muitas leituras em que a pessoa que faz contato me diz para transmitir ao cliente que ela estará presente no momento em que ele for para o Outro Lado, ou para recepcioná-lo quando ele chegar. Ninguém faz essa viagem sozinho, mas assim como não podemos conhecer todos os nossos anjos da guarda — alguns deles são pessoas que nunca conhecemos nesta vida —, também não sabemos quem serão os componentes do comitê de recepção antes de vê-los. Nesse momento, é claro, nós os reconheceremos como pessoas que conhecemos no passado, ao longo de muitas e muitas vidas.

Recebi a carta de uma mulher chamada Sherri, que respondeu ao meu boletim eletrônico, no qual eu disse às pessoas que podiam mandar perguntas e eu tentaria respondê-las. Ela me contou que, quando seu filho tinha 2 anos, o avô dela morreu, aos 91 anos. Um belo dia, ela e o filho estavam indo a pé para um campo de beisebol que ficava a um quarteirão da antiga casa do avô. De repente o filho acenou e disse olá para alguém invisível. Quando ela perguntou para quem ele estava acenando, ele disse que estava cumprimentando o "Baby Pop", que era o apelido do avô dela, e Jon, seu primo, que tinha morrido no atentado de 11 de setembro, anos antes de o filho ter nascido! Depois disso, em muitas ocasiões o filho mencionou o fato de ter visto e ouvido Baby Pop e Jon. Ele acenava para eles e dizia à mãe que eles estavam ficando cansados. Então, um dia, eles foram ao campo de beisebol outra vez e Sherri perguntou ao filho se Baby Pop e Jon estavam ali. O menino disse que não, e explicou que Baby Pop tinha ido para a "casa de Dee Dee" (Dee Dee era como o filho chamava a avó). Ele disse que Baby Pop lhe contou que estava indo à casa de Dee Dee porque Dee Dee estava cansada. Dois dias depois, a avó foi diagnosticada com um câncer terminal, com metástase. A avó morreu dois meses depois e, desde então, o filho nunca mais disse ter visto Baby Pop ou Jon. Ela me perguntou, será que Baby Pop e seu primo tinham ido buscar a avó? Claro que a resposta é sim, eles tinham. As almas estão sempre próximas umas das outras, principalmente no momento da morte. Aquele que está se preparando para partir tem mais consciência delas do que as outras pessoas, mas qualquer um de nós é capaz de notá-las e sentir sua vibração nesses momentos. Pareceu-me, ao ler a carta de Sherri, que quando seu filho relatou a conexão com o bisavô e o primo, ela foi receptiva e não mostrou medo, o que lhe deu firmeza para continuar a contar suas conversas com eles. Ouvir as mensagens do filho deu-lhe o alívio de saber que sua avó estava cercada por seus entes queridos e recebeu seus cuidados, quando partiu.

Os pais que sofrem a perda de um filho estão sofrendo a ira de Deus?

Isso não poderia estar mais longe da verdade. Não sei por que essa pergunta é feita com tanta frequência — também me perguntam se o demônio tem alguma coisa a ver com a morte de uma criança. Talvez porque um pai que tenha perdido um filho muitas vezes se sente como se estivesse no inferno. É muito trágico — quero ter muita cautela ao dizer isso —, mas Deus tem um plano perfeito. Eu lhe garanto que uma criança que parte deste plano, vai para os braços de Deus e o fato de voltarem para Deus em tão tenra idade também está nos planos dele. Essas crianças sabiam, quando vieram para a Terra, que não ficariam por muito tempo. Conhecer uma pessoa que perdeu um filho é uma situação muito dura. Eu quero confortá-la, mas é bastante difícil convencê-la de que Deus não está zangado com ela; sejam quais forem as circunstâncias da morte da criança, essa pessoa precisa se perdoar. Mesmo que essa morte seja uma lição para ela, a pergunta não é, "Por que Deus fez isso comigo?" A criança já veio sabendo que partiria cedo. O demônio não tem nada a ver com isso. Pensar que ele tem é achar que ele tem mais poder do que Deus. A vida, a morte e tudo o que existe entre elas está nas mãos de Deus Todo-Poderoso.

Além daqueles que perdem um filho, existem também os que fariam qualquer coisa para ter um e, no entanto, não conseguem. Isso também faz parte dos planos de Deus. Tem a ver com o nosso karma individual e com o propósito da nossa alma nesta vida. Posso servir de exemplo nesse caso. Eu queria desesperadamente ter um filho. Tentei de tudo — fertilização in vitro, inseminação artificial e muitas outras coisas. Mas eu não sou Deus. Isso não era algo que eu podia decidir. Eu até fui avisada, pelos espíritos, quando era muito jovem, que nunca teria filhos, mas lutei contra isso. Demorei muito tempo para aceitar de fato que eu tinha outro propósito e ter paz em meu coração. Agora, mesmo sem ter conseguido o que eu tanto queria, sou feliz. De maneira nenhuma vou me sentar num canto e reclamar a Deus, por me sentir infeliz. Não sei tudo o que Ele sabe. Só sei é que existe um plano, *para cada um de nós*.

Como um Deus amoroso pode deixar que crianças inocentes nasçam com doenças e defeitos físicos terríveis?

Acho que há mais de uma pergunta aqui ou talvez a resposta esteja ligada a outras coisas que não têm nada a ver com defeitos ou doenças congênitas. Antes de mais nada, é uma questão de como definimos as coisas. Chamamos algo de defeito quando, na realidade, trata-se de uma indicação de um determinado desafio — ou missão — que o indivíduo tem. É difícil para nós entender isso porque só o relacionamos a nós mesmos. Se formos razoavelmente perfeitos fisicamente, se tivermos todas as partes do corpo e elas funcionarem mais ou menos direito, achamos isso normal. Então, qualquer coisa que difira desse modelo de normalidade, nós chamamos de defeito — algo que esteja faltando ou que não faça o que esperamos que faça. Mas o que não percebemos é que, de acordo com o plano maior, essa parte não era para existir ou funcionar da mesma maneira. Em termos humanos, muitas vezes achamos que esses indivíduos sofrem. Em termos humanos, eles de fato sofrem. Mas eles são o que chamamos de "missionários". Eles estão aqui para cumprir a missão de causar um poderoso impacto sobre nós. Eles abalam as nossas emoções, nos fazem crescer espiritualmente, num ritmo mais acelerado. Os missionários nem sempre são crianças, mas normalmente são as crianças que notamos mais, que nos tocam mais do que se víssemos um adulto enfrentando o mesmo desafio. O efeito sobre nós é mais poderoso. Minha intenção não é fazer piada, mas, num sentido muito real, elas muitas vezes se tornam "garotas-propaganda" de uma questão que todos precisamos ajudar a resolver. Elas nos fazem tomar consciência de uma circunstância trágica, que há um longo tempo causa muito sofrimento, mas com que nunca nos preocupamos muito para provocar uma mudança — seja a cura para uma determinada doença ou para uma ferida na sociedade.

Também precisamos ter em mente que a glória de Deus e o amor que Ele tem por nós é tão grande que todos somos perfeitos do Outro Lado e não temos limitações, independentemente de como éramos aqui neste plano. Um casal veio me ver, pois seu filho pequeno tinha morrido quando tinha apenas 5 anos de idade. Durante a leitura, o filho fez contato e me disse, "Não deixe de falar para a minha mãe que eu estou andando de bicicleta!" Também disse, "Diga a ela para não chorar", mas é claro que essa era uma causa perdida. Com lágrimas nos olhos, a mãe me disse que o filho tinha uma doença que deixava os seus ossos muito frágeis, por isso ele não podia brincar com as outras crianças, pois se machucava com muita facilidade e não se recuperava muito bem. Ela vivia lhe perguntando o que ele queria fazer — se queria assistir a um filme, jogar um jogo de tabuleiro ou comer algo especial. Ele nunca queria fazer nada, exceto observar as outras crianças. Sempre que ela perguntava o que ele queria fazer, ele dizia que queria ir ao parque. Ele não podia andar, tinha que usar uma cadeira de rodas, mas eles iam, sentavam-se juntos e ele observava as outras crianças brincando. Então ele ria, gargalhava, divertindo-se muito só ao olhá-las. Ele adorava especialmente ver outras crianças andando de bicicleta. Nunca ficava triste, estava sempre tentando alegrar os outros. A mãe ficava desolada por ele não poder brincar com as outras crianças, só observá-las; ele jamais poderia andar de bicicleta, mas nunca reclamava. Seu filho, na verdade, teve uma vida mais longa do que o previsto. Um pouco antes de morrer, ela o viu olhar para o teto do quarto, na direção de um dos cantos, e esticar os braços como se quisesse alcançar alguém. Então ele se virou para a mãe e disse, "Mamãe, eles dizem que agora eu posso fazer o que quiser!", e então morreu.

Por que Deus permite o sofrimento?

Sempre digo que este lado do véu é o mais difícil. O Outro Lado é perfeição, mas não este. Na verdade, este lado é muitas vezes chamado de "vale de lágrimas". Não existe só dor aqui, é claro, mas uma mistura de dor e alegria. No entanto, é aqui que aprendemos nossas lições e crescemos espiritualmente. Segundo um conceito budista, todo mundo sente dor, mas nem todo mundo sofre. Isso significa que podemos escolher como aceitar a dor da nossa vida; podemos transformar a dor em outra coisa, em vez de optar por reagir a ela com muita tristeza ou depressão. Mas eu admito que pode levar anos ou até muitas vidas de prática espiritual para que possamos apreender e incorporar essa verdade. Isso não significa que não devamos começar agora.

Minha amiga Barbara, de quem já falei antes, adora animais. Ela tem um grande coração e não pode ver um animal necessitado. Num dia de verão, ela levou seus dois cães para passear num bosque. Quando estavam passando por um estacionamento, ela viu que havia muitos passarinhos pousados nos prédios das proximidades e, o que era muito estranho, todos pareciam olhar para um carro, em particular. Barbara se aproximou do carro e viu uma criaturinha minúscula embaixo dele — era muito pequena e tinha os olhos fechados. Sem nem mesmo olhá-la de perto (ela me disse que achou que era um camundongo!), Barbara colocou-a no bolso, virou os cachorros em outra direção e voltou correndo para casa. Lá, ela arranjou uma caixa, forrou-a com um pano macio, enquanto ao mesmo tempo procurava um conta-gotas e colocava o leite para esquentar, na tentativa de alimentar o animalzinho. Ela finalmente percebeu que se tratava de um filhote de gato bem pequeno, aparentemente recém-nascido. Sua pequena terrier, Penélope, se apaixonou por ele e observava avidamente enquanto Barbara chamava o pai para pedir um conselho. O pai não a deixou muito animada. Ele disse, "Querida, deve haver algo errado com ele. Não é comum que uma mãe gata abandone seu filhote assim se não tiver algo errado com ele". Barbara não notara nada errado com o filhote, mas confiou no pai, então deu outra olhada nele e concluiu que ele estava certo. Na parte interna de uma das patas de trás, havia uma ferida aberta. Ela percebeu que precisava levar o filhote ao veterinário no dia seguinte, mas no momento só podia tentar dar leite morno à coisinha. Naquela noite, enquanto ela dormia, Penélope se aproximou, latindo para chamar sua atenção. Ela tinha o palpite de que a agitação da cadela tinha a ver com o gatinho, por isso levantou-se e foi até a caixa. Logo percebeu que o gatinho tinha morrido. Barbara ficou muito chateada. Embora só tivesse ficado com o animalzinho menos de um dia, ela tinha se apegado a ele. Ela chorou e disse a Deus em voz alta, "Eu pensei que, se estava me dando o gatinho, era para eu ficar com ele!" Mas era evidente que ela estava enganada.

Exatamente seis meses depois, no dia do seu aniversário, Barbara envolveu-se num grave acidente de carro e foi levada para o hospital. Enquanto estava deitada na maca, no corredor do hospital, ela falou com Deus novamente, perguntando por que Ele tinha deixado que aquilo acontecesse com ela, que lição ela tinha que aprender com aquilo. Ela não tinha sido humilde? Não tinha mostrado sua gratidão? Qual seria a razão? Mas ela tinha outros choques pela frente.

Depois de três semanas, seu pai faleceu. E, então, sua amada Penélope foi atropelada por um carro e também morreu. As perdas foram quase insuportáveis, mas, para Barbara, uma resposta estava se formando: Nada era dela. Ela percebeu que tudo o que tinha, tudo o que havia de bom na sua vida, era temporário e só estava em sua vida pela graça de Deus. Ela não possuía coisa alguma. Era o amor de Deus por ela que lhe dava tudo o que ela tinha.

Cada um de nós recebe o seu quinhão de desafios; só precisamos fazer o melhor possível para enfrentar os nossos. Deus não nos impõe mais do que podemos suportar, embora às vezes não pareça. No plano material, nada é permanente. Só no plano espiritual somos eternos no amor de Deus. Essa é a única realidade verdadeira, e toda a nossa felicidade. Aqui, só aprendemos muitas das nossas lições aos trancos e barrancos, mas temos de nos lembrar que não se trata de um castigo. Deparamo-nos com problemas e doenças para aprender e crescer. A princesa Diana tirava as luvas e beijava pacientes com AIDS. Isso a tornou gloriosa! É difícil para os seres humanos compreender isso — nós vivemos segundo uma visão muito estreita da vida. Cabe a nós fazer da imperfeição algo cada vez mais perfeito, do melhor modo que pudermos. Confortar uns aos outros quando sentimos dor, aprender e amar.

Por que os espíritos fazem coisas sutis e não tão óbvias para chamar nossa atenção? Ando tentando me comunicar com a minha mãe e não estou conseguindo captar nada!

Nem sempre é assim, mas normalmente os espíritos preferem usar artifícios sutis, nada muito evidente. Mas, francamente, se a sua mãe lhe desse uma alternativa — "Você prefere que eu lhe mostre o passarinho que eu mais gostava ou prefere que um piano caia na sua cabeça?" —, quantos escolheriam o piano? Se quiser pensar nisso de outra maneira, lembre-se de que a Terra é como uma escola, e o que lhe ensinam na escola? A prestar atenção, usar a cabeça e procurar as respostas. Em O Mágico de Oz, Dorothy não recebe de bandeja nenhuma resposta — ela precisa descobri-las por experiência própria. Ninguém disse, "Vamos ao que interessa, Dorothy. Não há por que fazer essa viagem se tudo o que vai aprender é que não existe lugar melhor do que a nossa casa". Ela teve que ir e descobrir. É o que acontece com todos nós. Precisamos vivenciar, precisamos aprender e descobrir as respostas. Por exemplo, a sua cidadezinha natal é tão bonita, você tem suas noites de bingo, há muitas festividades organizadas pela prefeitura etc. E o que você pensa? Que chatice! Então você passa algum tempo longe dali, de tudo aquilo que lhe parecia tão maçante, e começa a se lembrar de como era bom estar perto da família e dos amigos, e passa a ter saudade. Não adiantaria ninguém lhe dizer isso; você teve que sentir na pele para descobrir. Os nossos entes queridos, por mais que queiram entrar em contato conosco e nos consolar, não vão acenar com uma bandeira na nossa frente. A sua mãe fará com que você descubra por si mesmo, que aprenda a confiar nas coisas que estão além da superfície. Mantenha os olhos abertos para encontrar pequenos sinais — moedas que vivem aparecendo no seu caminho, uma borboleta que pousa sobre a sua casa ou aparece num dia especial. A melhor maneira de estabelecer contato é manter os olhos abertos para ver sinais e não ignorar os detalhezinhos. Você não vai receber uma carta da sua mãe, nem um cartão postal dizendo, "Estou aqui!"

Você já entrou em contato com alguém que já tinha reencarnado? Se entrou, qual foi o resultado?

Essa pergunta veio como resposta ao meu boletim eletrônico, de um cavalheiro chamado Patrick, e eu tenho de dizer que nunca me perguntaram isso antes. Muito embora eu achasse que sabia a resposta, tive dificuldade para descobrir como expressá-la! Mas aqui vai: como a minha comunicação é entre este plano e o Outro Lado, se a pessoa já voltou para cá, eu não tenho como entrar em contato com ela. Nesse caso, seria como tentar me comunicar telepaticamente com alguém que eu não faço nem ideia de quem seja ou onde esteja neste mundo. A resposta é dupla (mesmo assim simples, agora que eu consegui formulá-la): 1. Eu simplesmente não sou capaz de entrar em contato com essas pessoas; 2. Isso jamais aconteceria. Pelo que me dizem, aqueles que conhecemos e amamos e que já se foram nos esperam do Outro Lado quando morremos. A glória de Deus é tamanha que Ele quer que tenhamos a oportunidade de nos encontrar outra vez. Não reencarnamos até que todos aqueles que se amam tenham restabelecido contato, assim não haveria ninguém aqui procurando por alguém que já voltou para a Terra.

Posso pedir para a minha falecida mãe me ajudar a encontrar a minha alma gêmea?

Só para deixar bem claro, quero dizer que alma gêmea nem sempre significa "marido" ou "esposa". Entendido isso, é claro que você pode. Mas você provavelmente não vai precisar da ajuda da sua mãe, porque essa pessoa ou já faz parte da sua vida ou o destino se encarregará de fazê-la cruzar seu caminho. Se este for o seu caso, mesmo com a ajuda da sua mãe, você vai precisar esperar. Normalmente, quando me fazem essa pergunta (ou outra parecida), o que as pessoas querem dizer é, "Será que posso pedir para a minha mãe me ajudar a encontrar o cara ou a garota certa — um amor, não uma alma gêmea, que pode ser até seu irmão ou sua irmã nesta vida. Contanto que você também esteja fazendo a sua parte, mantendo-se aberto, você com certeza pode pedir ao Outro Lado para ajudá-lo com relação a isso. Não é impossível, mas vai ser bastante improvável que essa pessoa venha literalmente a bater na sua porta (a não ser que seja o carteiro!), por isso dê uma mãozinha para a sua pobre mãe e saia de casa e vá fazer coisas que a agradem. Então, pelo amor de Deus, mantenha os olhos bem abertos — preste atenção quando aquele rapaz com um sorriso bonito acidentalmente derrubar seu capuccino na lanchonete ou quando aquele cachorrinho fofo, no parque, tiver um dono muito interessante segurando a coleira. "Amor à primeira vista" não acontece apenas nos filmes!

Como a minha falecida mãe sabe quem é a pessoa certa para mim? E como eu posso saber se estou captando a mensagem dela da maneira correta e ter certeza de que fato se trata da pessoa certa para mim?

A sua mãe (ou pai, avô, avó ou seja quem for do Outro Lado) está com Deus e Deus tem o Livro da Vida aberto em Seu colo. Ele quer ajudar você (só em caso da sua mãe não querer... brincadeira!). Ela e Deus estão criando o calendário de eventos que trarão para você o seu amor. E eis aqui algo mais em que pensar: se, lá no fundo, você sabe que grande partido você é, mas não consegue encontrar a pessoa certa, acha mesmo que não existe uma ótima pessoa aqui que também tem alguém do Outro Lado procurando ajudá-la? Então, na verdade, vocês têm duas equipes de anjos trabalhando juntas para promover o seu encontro com essa pessoa especial, pois isso seria maravilhoso para vocês dois! Mas você também precisa se esforçar. Tem de ter fé, acreditar nesse encontro e se manter receptivo. Não existe um caso difícil demais para o Outro Lado quando se trata de amor. É verdade: algumas pessoas não estão saindo com ninguém. Mas muitas vezes isso é porque elas não estão abertas. Estão certas de que não têm nenhuma chance de encontrar alguém ou são exigentes demais — elas têm expectativas tão altas com relação ao parceiro em potencial que nem elas mesmas poderiam satisfazê-las.

Tenho muita sorte de ter encontrado John, e realmente acredito que o Outro Lado tem algo a ver com esse nosso encontro. Eu não sei o que ele diria a esse respeito, mas, da minha parte, ele e eu somos o casal perfeito. Ele é calmo e paciente. Não se aborrece com a minha mania de falar o tempo todo — falo tanto que é como se eu fosse movida a pilha! E você pode imaginar se eu fosse casada com o dono de uma funerária ou algo parecido? Cruzes!

Minha mãe costumava dizer que toda panela tem sua tampa. Em outras palavras, não importa o quanto uma pessoa seja estranha, sempre haverá outra que combinará perfeitamente com ela. A esta altura da vida e depois de encontrar tanta gente esquisita, já não tenho tanta certeza de que toda panela tenha sua tampa. Algumas pessoas talvez tenham que usar papel-alumínio!

A hora da nossa morte já está "gravada em pedra" antes de chegarmos aqui, antes de nascermos?

Sim, numa certa medida, está. Existe um plano básico. Tudo depende da jornada de cada alma. Normalmente, a hora e o lugar em que a pessoa deixa este lado têm a ver com o momento em que ela conclui o que veio fazer aqui. Seja qual for essa tarefa, ela sempre leva um certo tempo. Quando chegamos ao Outro Lado, é uma grande festa de boas-vindas, portanto isso é algo para se esperar com expectativa — no futuro! No entanto, mesmo que a tarefa não esteja terminada, se o corpo ou a mente da pessoa ficarem depauperados ou se essa pessoa se encontrar numa situação em que se veja limitada ou tolhida em sua capacidade de crescer, então ela pode optar por partir. Tudo depende do livre-arbítrio.

Quando digo a alguém que os espíritos me revelaram algo que vai acontecer — pode ser um casamento, um nascimento, a compra de um carro novo ou um emprego — nunca posso dizer com exatidão a data certa. Muitas vezes eles me dão uma dica, mas nada muito definido. Eles às vezes tentam me transmitir que acontecerá muito em breve, mas não podem dar o dia e a hora. Numa das minhas últimas apresentações, eu estava fazendo uma leitura para uma senhora e três dos seus irmãos e sua mãe fizeram contato. Eu fiquei um pouco chocada ao saber que ela já tinha três irmãos falecidos, pois ela não me parecia tão idosa assim. Eu sabia que eles estavam tentando me dizer alguma coisa sobre o tempo e eu não conseguia compreender o que era. Tive de dizer a ela, "Eles estão me dizendo que você tem boa saúde e vai ter uma vida longa". Ela ficou um pouco surpresa, mas acho que não notei na hora, pois eles ainda estavam falando e eu disse, "Você fica vendo sempre a mesma hora no relógio? Será que eles não estão lhe mostrando uma hora para indicar que estão por perto? Porque eles estão me falando alguma coisa sobre o tempo e eu não estou conseguindo saber o que é". Ela disse que não. Contou-me que sabia a que eles estavam se referindo, mas não tinha nada a ver com os números do relógio. Eles estavam tentando reforçar a mensagem de que ela ainda viveria muito tempo. Ela costumava ter obsessão pelo número 50. Nem os pais nem os irmãos tinham passado dessa idade. Eles estavam tentando dizer à irmã que ela passaria dessa idade.

Existe algum meio de driblarmos o destino e alterarmos a data da nossa morte?

Algumas pessoas têm a forte impressão de que sabem quanto tempo de vida ainda lhes resta, seja porque tiveram uma premonição ou apenas um palpite. Mas ainda temos livre-arbítrio e sempre teremos oportunidade para concluir a jornada da nossa alma nesta vida. Existem ocasiões em que podemos renegociar o momento da partida, mesmo que estejamos muito doentes ou a morte seja iminente. Eu já ouvi muitas histórias sobre pessoas velhas e doentes que fizeram contato com o Outro Lado, talvez vendo ou ouvindo algum ente querido que partira, e ficaram sabendo que seu fim estava próximo. Se essa pessoa tem a forte sensação de que ainda precisa fazer algo importante nesta vida, a ela muitas vezes é concedida uma "extensão". Pode ser uma remissão espontânea de uma doença ou algum outro tipo de intervenção que lhe dê mais tempo de vida. Normalmente, essa extensão é breve, mas isso difere de pessoa para pessoa — não sei dizer por que.

Se eu tiver a forte sensação de que alguém vai morrer, embora essa pessoa não esteja nem doente nem com problemas, o que devo fazer?

É possível que você esteja recebendo uma mensagem mediúnica autêntica com relação a essa pessoa. Mas, a menos que você tenha um histórico de mediunidade, e na verdade, mesmo que tenha, o meu palpite é que é melhor não dizer nada. Isso me parece uma faca de dois gumes — se disser, você poderá se dar mal (a pessoa pode ficar assustada ou zangada) e se não disser, você corre o mesmo risco (pode acabar com a sensação de que não fez algo quando pôde). Mas, na maioria dos casos, não cabe a nós interferir, intrometermo-nos, ou tentar mudar o destino de alguém. O fato é: você pode estar errado — o seu pressentimento, se "verdadeiro" pode significar apenas que a pessoa vai passar por algum tipo de mudança ou por uma nova experiência que, de certo modo, representará o "fim" da vida dela da maneira como vem sendo até hoje ou com relação ao que ela anda fazendo. O que você pode fazer é simplesmente lhe perguntar se tudo vai bem. É tudo o que pode fazer. Ela pode estar aparentando que tudo vai bem, mas no fundo ocultar algo que pode ser a razão para o que você está sentindo. Como amigo, você pode ajudá-la sem ter de dizer, "Acho que você vai morrer". Quando estou fazendo uma leitura para alguém, e capto esse tipo de mensagem, não digo, "Ah, eles estão me dizendo que logo virão buscar você". Mas posso dizer, "Eles querem que você faça tal coisa por si mesmo", referindo-me a algo que eles sabem que deixará essa pessoa feliz no tempo que lhe resta, ou, "Eles estão dizendo que você deve tentar organizar as suas coisas", o que não é a mesma coisa que dizer, "Você logo não estará mais aqui", mas dá à pessoa a compreensão de que seu tempo agora é mais precioso do que nunca. Se alguém me perguntar diretamente, "Eles estão dizendo que eu vou morrer agora?", eu lhe dou uma resposta direta e verdadeira, mas isso é diferente de tomar a iniciativa de dar a notícia sem que a pessoa pergunte. Para alguém que não tem mediunidade, eu acho que você precisa ter muito tato e, acima de tudo, pedir orientação espiritual. Isso é com Deus, não comigo.

Uma vez um homem, muito debilitado, me procurou para uma consulta. Ele tinha um problema grave de estômago e estava muito magro. Era evidente que não estava bem. Ouvi os espíritos me dizendo que ele não tinha muito tempo de vida, mas não ficou claro se ele já sabia disso. Embora eu tenha recebido mensagens muito contundentes, fiquei em dúvida se deveria dizer a ele diretamente ou não. Então eu decidi focar a leitura na comitiva que iria recebê-lo, todos os parentes que já tinham falecido, e que estavam descrevendo como lá era belo e como eles estavam felizes. Deixei por conta dele perguntar ou não sobre seu estado de saúde. Por fim, ele de fato perguntou e eu disse a verdade. Mais tarde, depois que ele morreu — não tinham se passado nem três semanas —, a família me contou que ele estava feliz e em paz ao morrer. Para ele fez toda diferença saber que estava indo para um lugar bonito e perfeito e que outros membros da família que ele amava e que o amavam estariam lá.

Se uma pessoa não acredita no Outro Lado, como ela poderá superar o ceticismo?

Não acho que exista uma receita mágica para convencer alguém que não quer se convencer. No meu trabalho, eu encontro muito mais pessoas que conhecem a verdade da existência do Outro Lado do que descrentes, mas também existem aqueles que me procuram só para mostrar que sabem mais do que eu, que todos os outros estão se iludindo ou que eu sou uma atriz fabulosa que engana a todos com sua encenação. Fico satisfeita que esses sujeitos sejam minoria. Eles deviam saber que já fui posta à prova, por assim dizer, pelo meu próprio marido, que, embora nunca tenha duvidado de mim, tinha algumas "ressalvas". Eu já disse algumas vezes que John era ateu quando me conheceu. Não é bem verdade. Sei que ele sempre pensou na possibilidade de existir algum tipo de poder superior. Ele sempre dizia, por exemplo, que somos todos feitos de energia e que a energia não pode ser criada ou destruída, portanto ele não sabia o que acontecia conosco quando morríamos, mas não estava convencido de que existisse um Céu, um lugar como o Outro Lado. Acho que John simplesmente não era um homem muito afeito às religiões criadas pelo homem e a todas as histórias e mitos que fazem parte delas.

Mas cada pessoa é diferente quanto àquilo que mais a toca ou desperta a sua fé. Para John foi uma leitura que eu fiz para uma senhora numa das minhas grandes apresentações. O marido dela tinha morrido e queria lhe dizer para se livrar da mesa de peixe. A mulher ficou branca como um fantasma. Depois que suas amigas ajudaram-na a se recompor, soubemos que o marido tinha uma mesa feita com algum tipo de peixe — eu não me recordo se ela contou como os peixes faziam parte da mesa. Mas, aparentemente, embora ele a achasse bonita, ela nunca tinha gostado da tal mesa, mas achava que tinha de ficar com ela. Depois que o marido morreu, ela a conservou porque era uma lembrança dele, mas provavelmente também se sentia culpada quando pensava em dar algo de que ele tanto gostara. Ou, quem sabe, talvez agora ela até gostasse um pouco, porque fazia com que se lembrasse dele. Então, o marido veio desde o

Outro Lado para dizer, "Vá em frente, querida, livre-se da mesa de peixe — você não tem mais que ficar com ela". Bem, dentre todas as leituras que fiz, muitas continham histórias memoráveis, mas por alguma razão foi essa que impressionou meu marido. Como ele mesmo diz, foi porque era algo tão comum: um sujeito comum, uma mulher comum, um casamento comum. Em todos os casamentos existem coisas que incomodam um dos dois e, no entanto, nós aguentamos porque faz parte do pacote. Num casamento, há coisas que você faz por amor, para agradar a outra pessoa, mesmo que isso o desagrade profundamente. Nesse casamento, era a mesa de peixe. Mas agora que ele tinha a perspectiva do plano espiritual, esse homem queria dizer à esposa, "Você não tem mais que suportar isso por mim, não tem que ficar com a mesa". E você sabe do que mais? Nada tem tanta importância, nada que é material realmente importa. No esquema das coisas, uma mesa de peixe — ou qualquer outra coisa desse tipo — não significa nada. Era tão simples, tão comum, mas foi o que fez com que John refletisse e passasse a acreditar. Era algo tão pequeno, mas tão específico. Como ele me disse, mesmo do ponto de vista de um cético, era algo tão estranho que ninguém poderia ter adivinhado.

Quando se trata de ceticismo, quem vai saber o que vai convencer alguém? Cada pessoa tem um botãozinho diferente que, quando apertado, não tem mais volta. Na verdade, embora eu realmente adore quando isso acontece, não ando por aí procurando esses botõezinhos. Só estou fazendo meu trabalho. De vez em quando, encontro alguém nas minhas apresentações ou recebo uma carta, como a que recebi pouco tempo atrás, de um homem de 62 anos. Ele dizia que não era muito afeito a médiuns, mas que sua mulher tinha colocado o meu livro na mesinha de cabeceira, onde ele sempre deixava sua leitura noturna, e ele o pegou só para tirá-lo dali, mas então começou a ler e não parou mais, sentindo que estava realmente aprendendo algo e acreditando no que lia.

E às vezes alguém me conta algo que não tem nada a ver comigo, mas que vivenciou na pele, o que acendeu uma luz em sua mente e o levou a ter interesse em assistir a uma das minhas apresentações. Eu realmente não me importo com os céticos, contanto que tenham a mente aberta e estejam dispostos a ver a verdade. Os únicos que realmente me incomodam são aqueles que só são do contra; ainda que constatem a verdade por si mesmos, eles não vão admitir.

Sempre digo aos céticos, "Não tenho todas as respostas. Tenho algumas e só tento fazer o melhor com o que tenho". Eu adoro, porém, quando faço a coisa certa — mesmo que o mérito seja dos espíritos. Um dia, eu gostaria de ver uma bonequinha Concetta — você dá corda no pescoço e ela fala, "Eu não disse?"

Agora sem brincadeira, significa muito para mim quando eu consigo vencer o ceticismo de alguém. Não porque eu precise disso para acreditar nas minhas capacidades, mas porque sei quanta paz a maioria das pessoas sente ao ter conhecimento de que seu ente querido está com elas, se não em carne, pelo menos em espírito. Depois de uma apresentação em Mayfair Farms, em West Orange, Nova Jersey, eu estava autografando meus livros para aqueles que os tinham comprado. Chegou a vez de um cavalheiro a quem eu tinha feito uma leitura durante a apresentação e me lembrei da nossa conversa. Ele havia perdido a filha e ela tinha feito contato e transmitido várias mensagens, entre elas a de que sabia que a viagem tradicional da família fora planejada e que ele não queria ir — ele achava que não seria o mesmo sem a família completa e que não conseguiria se divertir sentindo tanta falta dela. A filha sabia disso e incentivou-o a fazer a viagem. Disse que sem dúvida estaria com eles. Ela sempre estaria com ele em espírito, onde quer que ele estivesse. Esse homem me disse, "Concetta, tenho que lhe dizer uma coisa. Eu não queria vir à sua apresentação hoje. Não acreditava em nada disso, que os mortos estão vivos e que podemos ter notícias deles. Mas quando a minha filha estimulou-me a ir viajar, eu fiquei sem fala". Ele se emocionou e eu também. Ambos tínhamos lágrimas nos olhos. Ele disse, "Concetta, você não me conhece, mas eu amo você". E eu respondi, "Você tem razão. Não conheço você. Mas também te amo". Foram as nossas lágrimas que nos conectaram. Isso é o que faz de todos nós seres humanos.

Ouvi dizer que os pontos de luz que aparecem em fotografias são, na realidade, espíritos. É verdade?

É verdade. Não é mau funcionamento da câmera — a sua câmera pode ser novinha em folha, pode ser digital ou com filme, não importa. Os espíritos são energia, por isso eles muitas vezes aparecem nas nossas fotos. Pequenas bolhas de luz, também chamadas de "orbes" — são espíritos ou almas. Às vezes parece que nunca vou conseguir tirar uma foto sem que uma ou mais dessas bolhas apareçam. Ouvi uma história a respeito: o pai de uma jovem tinha morrido e ela estava muito triste porque ia se casar e o pai não estaria no casamento. Ela não contratou um fotógrafo profissional; tinha apenas as fotos comuns tiradas pela família e os amigos. Depois do casamento, ela levou o filme para revelar e, infelizmente, a loja se incendiou. Assim ela ficou sem nenhuma foto do casamento. Então recebeu o telefonema de uma amiga que disse ainda ter um rolo de filme do casamento, mas que, infelizmente, eram apenas fotos que ela tinha batido da festa, dos convidados, do bolo etc. Só havia uma da noiva de véu e grinalda. Depois de algumas idas e vindas, quando a foto chegou às suas mãos, a jovem viu que ali estava ela com seu vestido de noiva e um desses orbes brilhantes ao lado dela — seu pai, sem dúvida alguma. Quando eu estava em Chicago com o produtor Glenn Davish e sua equipe, coletando material para mostrar a alguns produtores de TV, tínhamos uma tela verde diante da qual eu era fotografada, para que pudéssemos sobrepor fundos diferentes e obter efeitos engraçados. Foi um dia muito cheio, mas divertido e muitas pessoas da equipe estavam tirando fotos, além da filmagem que estava sendo feita. Quando eu vi as minhas fotos na frente da tela verde, era como se estivesse nevando! Havia muitos orbes — todos os espíritos — à minha volta!

Quando você está fazendo uma leitura, que meios utiliza para identificar a pessoa que está do Outro Lado e que tipo de dica você costuma receber?

Como médium, sou clarissenciente, o que significa que não só vejo imagens e ouço vozes mas, além disso, capto impressões físicas no meu corpo e muitas vezes sinto o *cheiro* do espírito que está fazendo contato. Se, quando vivo, o espírito era alcoólatra, muitas vezes sinto um forte bafo de álcool. Se era fumante, sinto o cheiro de cigarro. Também posso sentir o aroma de uma loção de barba em particular ou o perfume de flores. Eu estava fazendo uma leitura para uma das minhas clientes e de repente senti um cheiro estranho muito forte, que não consegui identificar. Eu lhe disse, "Estou sentindo o cheiro de alguma coisa. Parece algum tipo de remédio". Ela então me contou sobre o filho dela, um garotinho, que tinha uma doença que provocava dores terríveis, principalmente nas pernas. As pernas dele doíam muito. A única coisa que lhe dava algum alívio era uma pomada chamada BenGay. Ela costumava massagear as pernas dele com BenGay, o que ajudava pelo menos a aliviar um pouco a dor. Depois da morte do filho, ela estava numa loja de brinquedos comprando um presente de aniversário para um dos ex-amiguinhos do filho. Quando estava parada num dos corredores da loja, olhando os brinquedos e tentando decidir o que daria, sentiu de repente um cheiro conhecido. Imediatamente ela reconheceu: era BenGay. Embora não visse ninguém no corredor, ela tinha certeza de que seu filho estava bem ali. Ela me contou que agora, de tempos em tempos, ela sente o cheiro doce do remédio e sabe que o filho está lhe fazendo uma visita. Para outra pessoa, o cheiro pode ser desagradável, mas, para essa mulher, ele só traz conforto.

Quando estou fazendo uma leitura, não é como receber um roteiro e ler as notícias no ar. Eu recebo todo tipo de dica — nomes, odores, tipos de morte (que podem me ser transmitidos verbalmente num pensamento ou por meio de uma imagem ou de uma sensação no corpo) etc. Mesmo quando vejo uma imagem, ainda costumo tentar adivinhar o que estou vendo. Muitas vezes é melhor simplesmente descrever o que estou vendo e deixar que meu cliente adivinhe. Uma vez eu estava dizendo aos meus clientes que seu ente querido falecido estava sempre com eles e, na realidade, tinha estado com eles numa reunião de família. Eu disse, "Ele está me dizendo que estava com vocês num casamento". Eles ficaram intrigados, não faziam ideia do que eu estava falando. Eu acrescentei, "Ele está me mostrando uma garota num vestido branco, um casamento". Eles riram e negaram. Era a primeira comunhão da filha deles! E eu achei que era uma mocinha se casando.

O médium pode ouvir os espíritos que estão à minha volta sempre que quiser?

Ao longo do dia, eu posso ver e ouvir espíritos ao redor de todo mundo. Quase sempre, sem perceber, eu filtro o que vejo. Eles não são da minha conta e eu ficaria completamente maluca se prestasse atenção em todos eles. Se estou fazendo uma leitura, tenho na minha frente uma pessoa que veio com o propósito de receber mensagens dos entes queridos falecidos. Mesmo que eles tenham vindo com essa intenção, eu sempre tento perguntar, em voz alta, se tenho permissão para ouvir os espíritos que estão ao redor dela. Para mim, é uma questão de educação. As mensagens que recebo do plano espiritual são basicamente mensagens de conforto e amor daqueles cuja vida neste plano já acabou — pelo menos desta vez. Embora eles se preocupem conosco, eles mesmos não têm preocupações, por ora. Os vivos, obviamente, ainda estão aqui e ainda têm mais questões a tratar neste plano, e eu não quero ficar me intrometendo. Seria um tipo de invasão ou intrusão. Tente imaginar, por exemplo, se você for convidado para ir à casa de um amigo e resolver convidar outro amigo para ir com você. A campainha toca e, antes que o seu amigo tenha tempo de atender a porta, você invade a casa e deixa seu outro amigo entrar, como se estivesse em casa. Isso é invasão. Não saberia descrever de outro modo.

Você está sempre falando de sujeitos mortos. Nunca fala com garotas mortas?

Que engraçado! Bem, eu uso bastante a palavra "sujeitos" ou "caras" para me referir a todos os espíritos. Do Outro

Lado não existe sexo, não dá para distinguir direito as feições do corpo porque eles não têm corpo. Somos apenas energia no plano espiritual. Quando eu faço uma leitura, o espírito deixa que eu saiba, basicamente, como ele era quando estava aqui, então eu digo que é uma figura masculina ou feminina, mas na realidade o espírito que está se comunicando comigo não é uma coisa nem outra. Então a questão sobre caras e garotas só diz respeito ao plano físico.

Já que tocamos neste assunto, tenho de dizer que, embora eu seja basicamente heterossexual e casada com um homem maravilhoso, adoro a companhia das mulheres. Acredito que eu tenha reencarnado mais vezes como mulher do que como homem, me identifico muito com o feminino, e adoro ficar com as minhas garotas — minha melhor amiga, Mushy, minha amiga Gingerbread. Eu adoro a companhia de mulheres de todos os tipos — hetero ou homossexuais. Eu tenho muitas amigas homossexuais. Na realidade, verdade seja dita, sou tímida demais para ser gay, mas não ligo que alguém saiba. Algumas pessoas gostam de julgar isso, mas quem faz tal coisa é estúpido. Você tem que amá-las também. Elas não sabem ser de outro jeito. Os estúpidos nem sabem que são estúpidos. Eu não sei por que algumas pessoas não querem que os gays tenham o direito de se casar. Por que tanto alarde? Pessoalmente, eu não ligo se uma torradeira resolver se casar com outra torradeira — contanto que estejam de acordo e sejam pessoas adultas — ou utensílios domésticos adultos, como é o caso. Amor é amor!

De qualquer maneira, isso não é importante. Como sempre digo, não faça tempestade em copo d'água.

Não quero me desviar do assunto, mas, como estamos no tema das mulheres, vou citar uma frase de Eleanor Roosevelt que eu adoro. Ela disse que "As mulheres são como um saquinho de chá — você não sabe o quanto ele é forte até que o mergulhe em água fervente". Não é incrível? Eu adoro essa frase!

Depois que você acabou a leitura para uma pessoa, os espíritos já a chamaram de volta porque se esqueceram de dizer alguma coisa?

Já aconteceu muitas vezes de eu ter de parar para pensar nas bênçãos que recebi e reconhecer o quanto sou grata por ter o trabalho que tenho. Às vezes pode ser exaustivo, mas eu realmente adoro o que faço. Sempre que faço uma leitura, seja no meu consultório domiciliar para uma pessoa ou numa grande apresentação, com centenas de pessoas, eu me sinto muito bem por poder ajudar alguém a encontrar paz e, quem sabe, até felicidade. Mas, sem dúvida nenhuma, existem momentos que se destacam. Um desses foi uma apresentação que fiz em Mayfair Farms, West Orange, em Nova Jersey, em que fui, de certo modo, chamada de volta.

Eu estava andando pelo corredor do salão, parando para fazer leituras, enquanto me dirigia aos assentos do fundo. Eu já tinha passado por ali no início da apresentação, mas, depois de percorrer todo o salão, estava voltando para fazer mais algumas leituras para as pessoas dessa área que não tinham tido chance da primeira vez. Eu estava indo rápido porque não me restava muito tempo — logo depois haveria uma festa de casamento no local. Enquanto andava ouvi uma voz urgente que, eu tinha certeza, vinha de um espírito que... bem, para ser sincera, era um pouquinho confuso... eu sabia que ele tinha se suicidado ou *acreditava* que tinha se suicidado. Ele dizia, "Não deixe a minha filha ir embora! Diga a ela que estou bem! Diga que não estou sendo castigado!" É claro que eu não fazia ideia de quem era a pessoa a quem ela se referia — havia pessoas à esquerda e à direita, na minha frente e atrás de mim — então o que eu podia fazer? Parei e anunciei: "Existe alguém aqui que acho que pode ter se suicidado e tem uma mensagem para a filha". Tive de dizer isso duas vezes antes que uma mulher à minha direita se pronunciasse, dizendo, "Sou eu". Eu fiquei surpresa, porque lembrei que já tinha feito uma leitura para ela um pouco antes e seu pai tinha feito contato, mas nem ele nem ela tinham me dito que ele tinha se matado. Eu não fazia ideia de que, para ela, a pergunta mais importante não tinha sido respondida. Mas o pai sabia. Eu lhe disse, "O seu pai quer que você saiba que ele está bem. Foi perdoado; não está sendo punido pelo que fez". O alívio e a gratidão da filha foram óbvios. Ela estava desesperada para receber essa mensagem, mas muito constrangida para perguntar. Contudo o pai não deixou que ela fosse embora aquele dia sem acalmar seu coração.

Existe alguma leitura em particular que tenha se destacado das outras e que você considere um momento especial?

Ah, puxa! São tantas! Vejamos se consigo escolher uma... Houve uma vez um casal que veio fazer uma leitura. Eu disse a eles, "Quem é George? George está dizendo algo sobre a mobília, e está sorrindo". Bem, imediatamente eles sorriram também e me contaram a história. Alguns anos antes, eles estavam procurando uma casa para morar, mas não tinham muito dinheiro. Foram ver uma casa e quem a mostrou foi George. George não tinha família e estava se preparando para mudar para uma casa de repouso. Enquanto ele mostrava os cômodos, eles conversavam e se deram muito bem, pois sentiram uma grande simpatia mútua. George acabou pedindo pela casa uma quantia que o casal tinha condições de pagar. Quando concluíram o negócio, George disse, "Não querem ficar com a mobília também?" Ele não tinha onde guardá-la e, embora não fosse muito do gosto do casal, eles não tinham mobília nem dinheiro para mobiliar a casa, por isso concordaram em ficar com ela.

Bem, o tempo se passou e a esposa fez amizade com uma vizinha que tinha conhecido George quando ele morava na casa e ela contou-lhes que ele tinha falecido. Não demorou muito, o casal finalmente teve condições de trocar a mobília e decidiram, em primeiro lugar, livrar-se do sofá velho. Mas algumas noites antes de o sofá sair definitivamente da casa, a mulher começou a ter sonhos com George sentado no sofá e passou a encarar com relutância a ideia de jogá-lo fora. Talvez o sofá tivesse algum valor sentimental para ele. Mas, então, ela pensou bem e concluiu que George nem vivo estava mais e não havia razão para continuar com um sofá de que nem mesmo gostavam. Por isso, apesar dos sonhos, ela pediu ajuda a alguns rapazes para levar embora o sofá. No dia em que vieram, eles ergueram o sofá e estavam saindo com ele quando uma das almofadas do assento caiu. Nesse momento ela ouviu uma voz dizendo, "Olhe o sofá!" Ela disse, "Concetta, você não vai acreditar. Eu enfiei a mão numa reentrância do encosto e tirei dali um envelope cheio de dinheiro!" Depois disso, continuei procurando e achei mais quatro envelopes, cada um deles contendo quatro mil dólares — dezesseis mil dólares ao todo!"Como você pode imaginar, ela começou a vasculhar o resto dos móveis, mas o sofá foi o único lugar em que encontrou dinheiro. George certamente não tinha como usar o dinheiro; ele não tinha família e concluiu que aqueles jovens eram as pessoas para quem ele gostaria de doá-lo. Como minha cliente me contou, "Você não faz ideia de quanto aquele dinheiro foi importante para nós na época". Mas George fazia.

Não é uma história maravilhosa? Eu a adoro!

O que você acha do livro *O Segredo*?

Eu decididamente acredito no conceito por trás de *O Segredo*, a lei da atração. É algo real, sem dúvida nenhuma.

Mas acho que muitas pessoas têm dificuldade para aplicá-la, porque elas a interpretam à sua maneira. Mesmo que achem que estão colocando em prática os princípios de *O Segredo*, na verdade elas estão se enganando, porque no fundo não acreditam que o que querem possa vir até elas ou acontecer. Eu de fato pratico esses princípios o tempo todo na minha vida *e sei que funcionam*. É realmente impressionante o que você pode fazer quando quer alguma coisa, coloca isso na cabeça e parte para a ação. Mas muitas vezes tenho clientes que dizem que tentaram e nada aconteceu. Isso é frustrante, pois para mim é muito simples. *TUDO o que Deus Todo-Poderoso quer é que tenhamos TUDO o que queremos.*

Deixe-me contar o verdadeiro segredo de *O Segredo*.

Digamos que alguém queira ser atriz. Ela tem talento para a profissão, tem sensibilidade para entender e representar a personalidade de uma pessoa diferente; e o mais importante, ela consegue chorar sempre que quer. Mas o esforço necessário para chegar aonde quer a desanima — e muito rápido. Ela acha difícil demais, que não vai acontecer, que vai demorar muito. Então começa a perder a confiança e diz, "Não sou boa, ninguém me quer, sou uma perfeita idiota". E logo ela decide fazer outra coisa e contemporiza, "Essa profissão não é para mim". A realidade é que ela era boa, mas, no fundo, não acreditava de verdade que conseguiria ser atriz, mesmo que se esforçasse muito. Como não acreditou, perdeu a confiança em si e por razões equivocadas. O seu sonho desmoronou porque ela não acreditou. Se realmente quisermos conseguir, possuir ou ser alguma coisa, é justo aí que temos que mudar nosso modo de pensar. Finalmente descobri um jeito de explicar isso de modo que a maioria dos meus clientes entenda, portanto deixe-me compartilhar o raciocínio com você.

Tente olhar aquilo que você quer como algo que já é seu (ou de outra pessoa), pronto a ser conseguido assim que você cumprir certas exigências normais. Digamos, por exemplo, que você queira tirar carta de motorista. Quando tinha 14 ou 15 anos, você não tinha carta de motorista nem podia ter. Isso não tinha nada a ver com você, pessoalmente, era simplesmente algo ilegal para pessoas da sua idade. Mas você não se preocupava, pensando "Eu nunca vou ter carteira de motorista...", pois você tinha certeza de que assim que completasse 18 anos e, tão logo passasse nos exames, teria uma carteira. Você não precisava ser bonito e rico ou ter amizade com alguém famoso e influente. Bastava que você fizesse 18 anos e passasse nos exames. Ponto final. Ainda assim, você poderia planejar. Poderia economizar dinheiro para comprar seu primeiro carro, poderia imaginar como seria bom quando pudesse andar por aí livremente sem ter que pedir um favor aos seus pais. Quando estivesse prestes a fazer 18 anos, poderia ir a uma autoescola, matricular-se e começar a estudar para o exame teórico. Depois que fizesse 18, poderia tirar sua habilitação. É um processo. Fácil? Não necessariamente — para certas pessoas, fazer baliza é muito fácil; outras talvez achem que precisam fazer o exame de minissaia para passar... (brincadeirinha!). Alguns talvez tenham que fazer o exame mais de uma vez. Mas o fato é que só é preciso ter 18 anos e passar nos exames para tirar a carteira. Se você conseguir pensar no maior desejo do seu coração dessa maneira — tão fácil quanto tirar uma carteira de motorista — e simplesmente seguir os passos necessários, mais de uma vez se for preciso, você será bem-sucedido. Não há nenhum segredo nisso. Você conseguirá, possuirá ou será o que realmente acredita que possa conseguir, possuir ou ser.

Quando uma pessoa importante para nós falece, como podemos continuar a honrar os nossos laços de afeto com ela?

Com muito mais frequência do que gostaríamos, um dos cônjuges morre bem antes que o outro. Muitas pessoas acham que têm o dever moral de continuar sozinhas depois disso, do contrário vão dar a impressão de que não amavam realmente a pessoa que faleceu. É de fato uma tolice do ponto de vista espiritual e por isso é uma mensagem que frequentemente os espíritos me pedem para transmitir. Este lado do véu — o lado físico — é o lado difícil, solitário. Precisamos de toda ajuda, amor e companheirismo que possamos obter. Os nossos entes queridos que partiram querem que sejamos felizes. Isso não significa que todo mundo que ficou viúvo vai se casar de novo, mas muitos farão isso, o que é justamente o que eles querem que façamos. Não sei dizer quantas vezes fiz uma leitura em que o cônjuge falecido de uma pessoa faz contato e implora para que eu diga à sua mulher ou marido para que tente ser feliz novamente. Muitas vezes eles chegam a dizer que tentaram colocar alguém no caminho do cônjuge, mas ele sabotou seus planos! Quando estamos felizes, os nossos entes queridos falecidos também ficam felizes, portanto, sem dúvida, se você perdeu alguém muito importante, tente ficar aberto à possibilidade de ser feliz outra vez. Isso com certeza é o que essa pessoa quer para você.

Isso não se aplica só a casais, marido e mulher. Uma das minhas clientes, por exemplo, disse-me que, depois que a mãe morreu, ela a via com frequência. Num certo sentido isso a alegrava, mas na maioria das vezes a deixava triste. Ela sentia saudade da mãe e tudo o que queria era estar com ela novamente. Da última vez em que viu a mãe, ela estava num cruzeiro, deitada numa espreguiçadeira, quando viu a mãe passar bem na sua frente. Ela deu um pulo e tentou segui-la, mas a mãe desapareceu e ela nunca mais voltou a vê-la. Então ela me disse, "Por que a minha mãe não me visita mais?" Eu lhe disse que era porque ela talvez quisesse seguir a mãe e não era esse o desejo materno. Ao interromper as visitas (ou melhor, ao não permitir que a filha a visse), a mãe literalmente cortou o cordão entre este lado e o outro. Agora a minha cliente tem um novo namorado — eles se conheceram num encontro às cegas — e o mais esquisito é que o namorado às vezes vê a mãe dela, embora não a tenha conhecido quando era viva. Minha cliente disse, "Por que isso está acontecendo? O meu namorado, que nunca conheceu a minha mãe consegue vê-la e eu não?" Tenho a impressão de que existem ligações kármicas entre o namorado e a mãe dela. É muito provável que tenha sido ela a responsável pelo encontro entre os dois. Não foi uma coincidência. E ele consegue vê-la porque, apesar da ligação que tem com ela, ele não tem nenhuma vontade de estar do Outro Lado. Os espíritos querem que sejamos felizes *aqui*.

Você diz que os nossos entes queridos falecidos querem que sejamos felizes, mas e se eu não conseguir superar minha dor?

Esta é uma pergunta que sempre me fazem: *Estou tão triste. Tão deprimida. Por que meu ente querido não faz contato?* Não existe apenas uma única maneira de superarmos a dor de uma perda. Somos todos diferentes e cada relacionamento é de um jeito, mesmo que sejamos todos humanos e compartilhemos os mesmos sentimentos. Algumas pessoas simplesmente parecem ter muita força interior. O que eu posso dizer é que, mesmo que acredite piamente que as almas ainda vivem do Outro Lado, você sente uma profunda tristeza quando alguém que ama morre antes de você. Estamos tão acostumados a conviver com a pessoa, a sentir sua presença, a pegar o telefone e falar com ela! Nunca mais será assim. Mas algumas pessoas são capazes de encontrar consolo ou encontrar um novo significado nessa perda e seguir em frente, com força e até alegria. Nem todo mundo é assim. Muitas pessoas acham difícil superar uma perda, mas, de qualquer maneira, todos precisamos fazer isso.

Você tem alguma sugestão sobre como lidar com a perda de um ente querido?

A primeira coisa é lembrar que, se você vive pensando o quanto isso é difícil, precisa mudar seu jeito de pensar. Quando dizemos a nós mesmos que algo é difícil, as palavras adquirem poder e reforçam essa crença, que só nos impedirá de viver o presente. A ideia de que estamos presos à nossa dor se torna um hábito, como escovar os dentes — às vezes estamos tão acostumados a fazer uma determinada coisa que a fazemos todos os dias sem perceber. Você não pode deixar que a dor e o pesar se tornem um hábito. Não existe uma cura milagrosa; você precisa se esforçar. Não vai mais ter aquela pessoa ao seu lado. Precisa procurar ser feliz neste mundo até que possa se unir a ela do Outro Lado.

Tente se concentrar em coisas simples a cada dia. Não tente fazer muito a princípio, mas não deixe de fazer alguma coisa — saia da cama ou do sofá, se já caiu no hábito de se entregar a tal ponto à dor que não tem vontade nem de se levantar. Dê a si mesmo permissão para rir — de si mesmo e com os outros —; isso realmente deixa o fardo mais leve. E lembre-se do poder das palavras. Se você disser a si mesmo que não vai conseguir, isso de fato se tornará uma verdade. Você não conseguirá. Você precisa dizer a si mesmo que pode e conseguirá. Então isso se tornará verdade: você pode e conseguirá.

A maioria das pessoas não sabe muito bem para que veio a este mundo, mas eu garanto que não foi para se entregar a uma dor debilitante e interminável. E a menos que se convença disso, você não conseguirá pôr os pés na estrada e tocar a vida em frente.

Você precisa reconhecer que, em todas as coisas, você tem livre-arbítrio. Se continuar mergulhado na dor, essa é a escolha que estará fazendo. Podemos ter uma "razão" para tal escolha — por exemplo, podemos achar que ficando em paz ou alegres enviamos ao nosso ente querido a mensagem de que ele não era importante para nós, ou pior, que nunca foi. Nós nos culpamos. Acredite, do Outro Lado, eles sabem de tudo. Eles sabem o quanto são importantes para nós, sabem que nunca deixaremos de amá-los. Mas, enquanto está vivo, o seu foco deve ser este mundo, não o Outro. Nunca se espera que nos habituemos à dor ou nos sintamos à vontade com a tristeza. Precisamos optar por nos lembrar dos nossos entes queridos com um sorriso no rosto e no coração. Faça isso gradativamente. Se não acreditar que pode superar a dor, pelo menos faça a escolha de não lamentar nem reclamar, desanimando também quem está à sua volta. Escolha não se sentir culpado pelo seu sorriso. Você ficará surpreso ao constatar aonde esses pequenos passos poderão levá-lo.

O Outro Lado não pode me ajudar a superar a dor da perda?

A resposta, para ser franca, é a seguinte: enquanto você estiver se sentindo tão profundamente infeliz, eles criarão deliberadamente uma distância entre você, que está neste plano, e eles, que estão no outro. Eles não podem fazer contato enquanto estamos tristes porque eles sabem o quanto é fácil para nós desejar estar do Outro Lado quando ainda devemos viver aqui. Eles não querem fomentar esse desejo em nós — isso vai contra os planos feitos para nós, contra o acordo espiritual que fizemos antes de vir para cá. Pense em Anna Nicole Smith* — ela vivia dizendo, "Quero estar com meu filho!" Ela sentia tanta falta do filho falecido que literalmente desejava morrer. Digo isso sem julgar porque não cabe a mim julgar e eu não estava no lugar dela, mas deixar este mundo dessa maneira é como desistir da vida sem concluir o que se veio fazer aqui. O filho dela nunca pretendeu isso. Ele tinha seu karma, ela tinha o dela.

Os nossos entes queridos que já morreram querem ficar ao nosso lado (na verdade, eles estão, sempre), mas as lições que tinham de aprender aqui já acabaram, pelo menos nesta vida. Nós ainda temos as nossas, eles não podem aprendê-las por nós. Se quisermos restabelecer uma ligação de alegria com eles, precisamos nos esforçar.

---

* Anna Nicole Smith, atriz e modelo, se casou aos 26 anos com um magnata do petróleo de 89 anos, que morreu menos de um ano depois do casamento. Um dos filhos dela morreu aos 20 anos de overdose de antidepressivos. Anna Nicole morreu aos 39 anos, em 2007, depois de desmaiar dentro de um quarto de hotel. A investigação apontou morte por overdose de medicamentos.

Se alguém se suicida para estar com uma pessoa em particular, da qual sente falta, ela de fato encontrará essa pessoa ou terá tirado a própria vida em vão?

Quando alguém opta por se suicidar, a questão não é saber se ela tirou a vida em vão, mas se ela *viveu* a vida em vão. Eu sinceramente não consigo pensar numa ocasião em que o suicídio seja a melhor resposta. Uma das minhas leitoras me fez essa pergunta uma vez, depois que sua amiga adolescente quis ir para junto de sua falecida mãe e tirou a própria vida com um tiro. Sim, eu de fato acredito que essa menina tenha conseguido ver a mãe. Deus é tão bom e tão maravilhoso. Ainda que essa atitude certamente vá contra o acordo que a pessoa fez para esta vida, ainda que dar cabo da própria vida física seja como atirar o nosso bem mais precioso na cara de Deus, Ele sempre perdoa. É a pessoa que terá de aprender a se perdoar por destruir a dádiva que lhe foi concedida. Isso realmente não é fácil. Na nossa dor e solidão, às vezes fazemos coisas terríveis que achamos que nos trarão alívio. Temos livre-arbítrio, mesmo com relação à nossa própria vida. Mas a história não termina aqui. Existe uma cura que precisará ser feita, e o karma precisará ser expiado.

Um médium pode me ajudar se eu estiver chorando a dor de perder um ente querido?

Às vezes as pessoas têm a impressão equivocada de que, se estão sofrendo, eu posso curar sua dor. Para ser bem sincera, isso não cabe a mim. Este pode não ser o melhor exemplo, mas eu poderia dizer que sou como um advogado que lida com divórcios. Algumas pessoas que o procuram precisam de conselhos, mas sua função é só dividir os bens, não curar a dor que o casal está sentindo. Eu não sou terapeuta. Meu coração quer ajudar, mas simplesmente não tenho talento para isso. Qualquer conselho que eu dê é como o conselho que você recebe de um amigo, baseado nas minhas próprias experiências pessoais ou em coisas que eu ouvi dos espíritos. Tirando isso, eu só estou "relatando" o que ouço, só transmitindo mensagens de pessoas que faleceram.

Com frequência, as pessoas que vêm me ver necessitam de cura. Elas só sentem um alívio momentâneo ao ouvir uma mensagem de um ente querido. Imediatamente querem marcar outra leitura — não importa o quanto seja longa a fila de espera — e depois ficam telefonando para ver se abri outro horário. Elas querem continuar voltando à fonte, mas só existe uma coisa nessa fonte — o fato de que seus entes queridos permanecem com elas. Para a maioria, saber disso é o suficiente, mas alguns ficam tão abalados com a morte do seu ente querido que simplesmente não conseguem superá-la; fazem da dor um modo de vida, arruinando todos os relacionamentos devido à sua incapacidade para se libertar da tristeza. Uma leitura não vai curar essas pessoas. Não é de mim que elas precisam.

Eu não quero provocar confusão com relação ao meu trabalho e correr o risco de transmitir informações falsas. Se as pessoas se curam depois de me ver, é porque ouviram a verdade. É a verdade que as liberta — eu sou apenas um veículo. Mas eu posso fazer uma recomendação, que acho muito útil e que funcionou muito bem comigo. Tente visualizar a pessoa que você perdeu sentada perto de você, caminhando ao seu lado, sempre ao seu lado. Imagine que ela ainda está aí, estimulando-o a concluir sua missão na carne. Visualize-a como mais um anjo da guarda *ajudando* você a concluir essa missão. Afinal de contas, é justamente isso que está acontecendo.

O mal é real? Se é, você pode dizer por que ele existe?

Eu acredito, na verdade eu sei que o mal é real. As pessoas sempre acham surpreendente que um Deus amoroso permita que o mal exista; isso simplesmente não faz sentido para elas. No entanto, ele tem um propósito, mesmo sendo uma coisa horrível — e não existe nada pior no mundo. Como poderia haver? É a essência de tudo o que é nocivo e abominável. Sem o mal, nunca seríamos desafiados, e sem desafios nunca iríamos nos esforçar, aprender, crescer e evoluir. É a função do mal confundir a nossa mente e o nosso coração, para nos fazer acreditar que somos fracos e limitados. Isso é o oposto da verdade, mas serve para aprendermos e superarmos por meio de nossas experiências.

Sempre digo que as pessoas estúpidas não sabem que são estúpidas. A diferença entre as pessoas estúpidas e as maldosas é que as maldosas não se importam de ser maldosas. A indiferença que sentem com relação a quem estão prejudicando é a própria definição da maldade.

Eu tenho uma medalha que ganhei de amigos no México. Ela é de ouro 14 quilates e tem o Papa João Paulo II de um lado e São Juan Diego do outro. Está pendurada numa corrente de ouro com um fecho de segurança. Durante quatro ou cinco anos, eu a usei em todas as viagens, como um símbolo de proteção. John e eu adoramos viajar, e uma das coisas de que mais gostamos é visitar lugares históricos, porque eu ouço as histórias dos espíritos que vivem nesses lugares, por qualquer razão que seja. É realmente fascinante — eu aprendo sobre a história oficial, mas também fico a par da história "secreta" que as outras pessoas não conhecem. Nem sempre elas são agradáveis, mas mesmo assim eu quero saber. No ano passado, John e eu fizemos uma viagem para a Alemanha e decidimos visitar Dachau. Eu tinha sentimentos contraditórios com relação a esse lugar, pois acredito que numa vida passada eu morri num desses campos de concentração, mas tão logo saímos do carro meus sentimentos ficaram menos confusos. Eu estava trêmula e não conseguia parar de tremer. John disse, "Você sabe, não precisamos entrar". Mas já estávamos lá e eu simplesmente tinha que entrar, então John me acompanhou — eu estava em pânico. Assim que passamos pela porta do lugar, senti meu colar escorregar do pescoço e cair no chão. No mesmo instante ouvi uma voz me dizendo, "Pegue-o e segure-o na mão, Concetta. Você está entrando num lugar de maldade". Devo lhe dizer, a energia do lugar era insuportável. Era possível literalmente sentir o mal preso dentro daquelas paredes. Eu quero deixar claro que os espíritos ali não eram os das vítimas. Elas já tinham partido e estão num lugar melhor, mas os assassinos ainda estão presos lá.

Cabe a cada um de nós banir o mal da nossa vida, comprometendo-nos com o seu oposto, o amor.

O que acontece com toda a negatividade ou mal quando morre alguém que é cruel, maldoso ou nocivo aos outros?

Quando essas pessoas, em sua forma espiritual, penetram na luz divina, a energia negativa é "desativada", ou neutralizada e dissipada. (Eu estou me referindo apenas à pessoa que foi cruel, não a alguém que cometeu um assassinato. Os assassinos nem chegam a entrar.) Mas ainda existe um débito kármico a saldar com aqueles que elas prejudicaram. Às vezes elas podem começar a fazer isso tentando ajudar aqueles que feriram, caso essas pessoas ainda estejam vivas deste lado do véu. Do contrário, como acontece em qualquer tipo de karma, elas carregam esse fardo para a vida seguinte.

Se alguém nos feriu quando éramos crianças, como no caso de crianças que sofrem abusos, essa negatividade ainda pode nos influenciar depois que essa pessoa morre?

Depende unicamente da pessoa. Como qualquer coisa que nos acontece, podemos dar importância a isso ou não. Depois que o agressor vai para o Outro Lado, a sua negatividade é neutralizada. A pessoa que fica enfrenta o desafio de saber lidar com os efeitos do abuso que sofreu. Ela pode usar a experiência triste e negativa para se fortalecer ou para ficar mais fraca. Pode optar por fazer algo melhor, ajudar os outros. Ninguém está dizendo que é fácil deixar para trás o que aconteceu ou transformar a dor. Para muitos podem ser precisos muitos anos de terapia para processar a experiência. Outros podem ser capazes de se distanciar dos acontecimentos que, na infância, eles não tinham como controlar. Só é preciso lembrar que, se alguém passa por essa situação por razões kármicas (por exemplo, minha mãe sofreu terríveis maus tratos no orfanato onde foi criada), o melhor é esquecer. Isso não tem mais nada a ver com essa pessoa. Ela só precisa agora pensar na vida que tem pela frente e em como aproveitá-la.

Se alguém nos rouba uma grande quantia em dinheiro, o que acontece com essa dívida? Ela é paga em outra vida?

Se a pessoa (ou pessoas) que foi afetada pela ação negativa ainda está na Terra, ela precisa fazer o possível para não guardar raiva, deve deixar para lá e simplesmente continuar sem se apegar à lembrança dessa perda. A pessoa que está do Outro Lado e que cometeu o crime, depois que compreendeu o mal que fez, tanto a quem roubou quanto a si mesma (uma vez que agora carrega o fardo do karma extra), tentará compensá-lo com bênçãos. Será que você vai receber um cheque pelo correio exatamente da quantia que foi roubada? Bem, isso não é nada impossível, se levarmos em conta o modo como o Outro Lado trabalha, mas é muito mais provável que você seja "reembolsado" de outras maneiras. Se a pessoa prejudicada fizer sua parte, não guardando raiva, esquecendo o passado e tocando a vida, então as bênçãos chegarão até ela. A outra pessoa sabe o que fez; sabe que deve a você. O que não queremos fazer é erigir um muro de negatividade que impedirá as bênçãos de chegarem até nós. Mas, quando algo de ruim acontece, muitas vezes passamos a vida inteira remoendo. Quando focamos o mal, o bem não consegue chegar até nós.

Além de matar ou maltratar alguém, ou causar-lhe qualquer tipo de dano físico ou emocional, existe outra coisa que os espíritos nos digam que não deveríamos fazer se quisermos evitar um mau karma para a nossa alma?

Fico realmente satisfeita que tenha feito essa pergunta, pois eu sei a resposta. É algo que sempre é mencionado nas minhas leituras: a ganância.

Com muita frequência, a coisa que mais destroi famílias felizes, algo bastante comum e contagioso, é a ganância. Isso me deixa abismada. Tudo estava muito bem — a família era unida, amorosa e um apoiava o outro — até que alguém morre. Então vira o inferno. O que as pessoas fazem por causa de dinheiro! Conspiram e se justificam; como eu disse, a ganância é contagiosa. Depois que uma pessoa começa a agir assim, as outras pensam, "Bem, se eu não defender o que é meu, tirarão tudo o que eu tenho". Então começam a agir tão mal quanto a primeira. Mesmo quando há um testamento, alguém encontra um jeito de distorcer as coisas para levar vantagem. Pelo menos é o que pensam; acham que as consequências dos seus atos se restringirão ao presente. Não entendem que estão acumulando karma.

Uma amiga minha muito querida tinha uma avó que morreu e deixou para as duas filhas (a mãe da minha amiga e a tia) dinheiro para comprarem uma casa na praia. O marido da tia precisava de dinheiro e ela persuadiu a mãe da minha amiga a emprestar sua parte da herança para ajudar o marido. Depois que ele saiu do apuro, em vez de devolver o dinheiro à mãe da minha amiga, eles compraram a casa na praia — mas agora eles dizem que ela só tem um terço da casa e que ele e a mulher têm direito a dois terços! Essa não era a intenção da avó; o marido da tia não foi sequer mencionado no testamento — ela deixou o dinheiro para as duas filhas apenas. Isso é tão absurdo, ganancioso e cruel! Uma bela maneira de pagar pela ajuda que a mãe de minha amiga deu a eles. Mas, quando estão possuídas pela ganância, as pessoas sempre conseguem pensar em justificativas para as suas atitudes, estejam elas relacionadas a dinheiro, joias ou à cadeira de balanço que pertence à família há gerações. Parte meu coração ouvir essas histórias. Por causa de algo muitas vezes ridículo, o relacionamento nunca mais será o mesmo e a pessoa gananciosa voltará em outra vida com um karma gigantesco. Ela se arrisca a voltar com pouco ou quase nada.

Nem toda família se comporta tão mal, é claro; também já ouvi em minhas leituras o quanto os espíritos ficam satisfeitos ao ver que a família fez a coisa certa com relação aos seus bens; o quanto se sentiram aliviados ao ver que ninguém surtou por causa das propriedades ou do dinheiro que deixaram. Porque, não se esqueçam, eles ainda estão conosco e veem como nos comportamos com relação à sua herança. O que o Outro Lado quer é nos lembrar de que a *Ganância nunca vence*. A pessoa perde deste lado, arruinando seus relacionamentos, e ganha uma pesada dívida kármica do Outro Lado.

O objetivo aqui não é fazer você ficar com medo do seu karma a ponto de dar tudo o que tem. Só estou falando para não tomar dos outros o que lhes pertence por direito, nem fazer exigências ou manipulações para conseguir mais do que lhe cabe. Você só precisa manter o equilíbrio. Todos sabemos o que faz uma pequena generosidade — coloca um sorriso no seu rosto e no rosto da outra pessoa.

Se fizermos mal a alguém ou lhe causarmos sofrimento, e depois essa pessoa morrer, como podemos conseguir o seu perdão?

Eu acho que fazer uma oração sincera, pedindo perdão a ela, é muito bom para a alma. Mas, mesmo na ausência disso, tudo é perdoado do Outro Lado. Depois que morremos, adquirimos uma compreensão total e pura das razões que levaram as outras pessoas da nossa vida a se comportaram da maneira como fizeram, a dizerem o que disseram, até mesmo a acreditarem no que acreditaram. Não há nada que eles não compreendam e, depois de compreender, não há nada que não perdoem. Muitas vezes, as coisas pelas quais nós nos culpamos mais são insignificantes no grande esquema das coisas. Nós nos preocupamos com coisas muito pequenas aqui na Terra. Mas até mesmo coisas que parecem monumentais, até questões de vida ou morte, também são perdoadas completamente.

Uma vez tive uma cliente, uma senhora, que me procurou cheia de culpa e preocupação. Ela disse, "Carrego essa culpa há oito anos. Minha mãe sofreu tanto antes de morrer. Nos estágios finais da doença, ela padeceu durante três semanas antes do final. Toda vez que eu ia ao hospital visitá-la, ela implorava para que lhe desse comprimidos que pusessem fim à sua vida. Fiquei dilacerada. Por um lado, ver seu sofrimento estava acabando comigo, mas quanto ao seu pedido, eu simplesmente não podia atendê-lo. Eu sinto que a minha fraqueza a obrigou a sofrer desnecessariamente e tenho receio de que ela esteja com raiva por eu não ter lhe dado a ajuda que ela implorou". Era um fardo pesado o que essa mulher carregava! Não é algo pequeno. Mas do Outro Lado, a mãe certamente compreendeu. Completamente. Nem por um momento ela pensou que a filha não a ajudou porque não se importava. Ela sabe que a filha estava agindo por amor. Quanto a isso, a filha não só está perdoada como não havia nada que perdoar.

Você pode explicar o que sentimos quando saímos do corpo?

É simplesmente maravilhoso! Você se sente leve e formigando — você fica mais leve que um passarinho, mais rápido que um passarinho. Você pode atravessar paredes e portas fechadas. É diferente de qualquer outra experiência na forma física. Você não está de pé, nem deitado ou mesmo sentado. Eu não posso nem descrever em que posição ficamos, porque sem corpo, não há uma posição. Você é pura energia. Pode ver tudo à sua volta, em todas as direções ao mesmo tempo.

Minha mãe foi criada num orfanato, uma instituição pavorosa. Ela levava violentas surras, nunca recebia alimentação ou tratamentos médicos adequados. Foi contratada para cuidar de crianças, fazer faxina e outras coisas mais. Quando ela e meu pai se casaram, ele insistiu em comprar-lhe um carro, embora ela não soubesse dirigir. Ele disse que ela precisava aprender. Ele falou, "Pela primeira vez na vida você vai se sentir livre". Minha mãe disse que ele estava certo, e depois que começou a dirigir nunca mais parou. Ela dizia, "Posso ir aonde eu quiser quando eu quiser. Esses cretinos não são mais meus donos". Dirigir é como estar na forma energética — embora você esteja segurando o volante, não precisa fazer nenhum esforço. Num certo sentido, os carros levam os seres humanos a outro nível; é uma maneira de experimentarmos um pouco do que será estar fora do corpo. Eu realmente acredito que a razão por que tantas pessoas gostam de dirigir é que essa é sensação mais próxima, no plano físico, da experiência de estar na forma espiritual.

Você pode descrever uma ocasião em que esteve fora do corpo físico?

Uma ocasião que me ocorre é quando eu estava no quarto uma noite. Eu não durmo bem sem ligar o alarme da casa porque sou frequentemente acordada pelos espíritos e às vezes simplesmente não tenho certeza se é uma pessoa morta entrando no meu quarto ou se é alguém querendo me amarrar e roubar todas as minhas *bijoux* favoritas. Em todo caso, eu "acordei" e percebi que estava fora do corpo. Quando estou no meu corpo de energia, tudo de que preciso é pensar que quero estar num lugar em particular e já me vejo ali. Muitas vezes decido ver alguém que conheço para que mais tarde eu possa confirmar que realmente estava fora do corpo dizendo, "Na noite passada, você não estava usando uma camisola longa branca com listras verdes e a enrolou em volta da cintura ao contar as unhas dos pés? E tinha ao seu lado um saco de batatas fritas e um copo de vinho?" (Só estou brincando. Mas eu realmente gosto de visitar amigos dessa maneira.) Dessa vez, eu só pensei, "Quero sair do quarto e ir para o corredor". Era meio incomum, pois, na maioria das vezes, eu saio pela janela, já que no corredor costumo encontrar espíritos que se reúnem ali para acompanhar um ente querido que tenha um horário marcado para o dia seguinte ou possa ter ficado ali depois de uma leitura. Eu realmente não gosto de cruzar com esses sujeitos quando estou nesse estado. Mas, dessa vez, eu simplesmente flutuei para o saguão de casa. Enquanto fazia isso, eu estava vagamente ciente de estar nervosa com a possibilidade de disparar o alarme estando ali, mas é claro que ele não disparou. Lembro-me de ter pensado que aquilo era muito legal, pois eu era como os fantasmas que podiam entrar e sair sem disparar o alarme.

Essas viagens astrais só são possíveis à noite?

A hora do dia não é importante. Importante é que você esteja num estado muito relaxado. Um dia eu estava em casa, por volta de meio-dia ou no começo da tarde. Eu estava assistindo a um ótimo filme no DVD e aparentemente estava bem cansada porque caí no sono em plena luz do dia. A certa altura, percebi que estava meio dormindo meio acordada; senti um formigamento e decidi dar uma volta. Percebi, então, que estava de costas, com o corpo rente ao chão, porque, para mim, essa é a posição mais fácil para sair do corpo. Tudo o que eu fiz foi guiar meus pensamentos. Primeiro pensei, "Quero olhar meu rosto, ver como me pareço quando estou fazendo isso", e então olhei para baixo, de onde eu estava, e fiz isso. Então pensei, "Eu quero seguir pelo corredor" (esse é o corredor que leva às escadas — uma saída diferente daquela onde costumam ficar os espíritos), então, "Eu quero passar sobre as árvores" e toda vez que eu pensava algo, conseguia fazer o que pensava. Então pensei, "Quero ir ao local de trabalho do John". Mas, por alguma razão, não consegui chegar lá. Não conseguia imaginar por que, uma vez que até aquele ponto eu tinha conseguido fazer tudo o que pensava. Assim fiquei simplesmente flutuando por ali, sobre as árvores, e então pensei no meu irmão e disse, "Harold, você está aqui?" E o ouvi responder, "Estou". Então vi o rosto dele, bem distante de onde eu estava. Ele vinha devagar ao meu encontro, mas de repente acelerou — parecia estar na velocidade da luz! — e seu rosto apareceu imediatamente a alguns centímetros do meu! Fiquei tão surpresa que voltei para o corpo físico num solavanco, instantaneamente. Eu me senti muito mal por reagir desse jeito — veja, como todo mundo, ainda tenho reações humanas embora esteja acostumada a sair do corpo e ter esse tipo de experiência. Depois disso, percebi que ele estava tentando me ensinar que, na forma espiritual, as nossas ações são tão rápidas quanto o pensamento.

Qual foi o ponto mais distante em que conseguiu chegar fora do corpo?

Já passei por muitas experiências em que deixei o corpo e viajei na forma energética, e isso nem sempre dá para controlar; eu não sei onde estou indo. Uma das minhas viagens favoritas aconteceu um pouco antes de John e eu irmos para a Alemanha. Nunca tínhamos visitado esse país antes e estávamos entusiasmadíssimos. Eu me encontrava na cama, sonhando que sobrevoava uma gigantesca massa de água. Mas, então, de repente percebi que não estava sonhando. Estava fora do corpo, na forma energética — é uma experiência completamente diferente de sonhar, mas, como eu ainda dormia, levei alguns instantes para perceber o que acontecia. Eu estava viajando a uma grande velocidade, em paralelo e a alguns centímetros apenas acima da água. Eu disse, "Oh, não, Água!" Alguém estava comigo (não sei quem) e disse, "Concetta, não se preocupe. Não é o mar". Eu tenho medo do mar. Não sei por que — talvez algo de vidas passadas. Meu acompanhante apontou, eu olhei para cima e vi uma estrada seguindo ao longo da água, e percebi que era um rio. Então olhei para a direita e vi um antigo vilarejo do século XVIII, com um tipo bem diferente de casa, diferente de tudo o que já tinha visto antes, e algumas ruínas. Enquanto pairava no ar, tentando absorver tudo aquilo, eu pensava comigo mesma, "John e eu adoraríamos visitar esse lugar!" e meu acompanhante disse, "Traremos você de volta". Não sabia o que isso significava.

Três semanas depois, John e eu voamos para Frankfurt, uma grande cidade, para começar nossas férias na Alemanha. Planejávamos ver o máximo que pudéssemos do país, mas não tínhamos estabelecido um itinerário. Pegamos o carro e John assumiu a direção, escolhendo uma rota para nós, e partimos. Depois de uma semana, estávamos numa estrada ao longo do rio Reno — esse rio é muito longo, e tão largo! Mais de 300 navios o percorrem todos os dias. De repente, reconheci o cenário — era exatamente o mesmo que eu vira algumas semanas antes, quando viajava fora do corpo sem saber onde estava. Agora ali se apresentavam ruínas de belos castelos, muralhas quebradas despontando do chão, algumas em melhores condições, espalhadas entre vilarejos que se pareciam exatamente com o que eu tinha visto. Quem quer que tenha falado que me traria de volta, cumpriu a palavra.

Qualquer pessoa pode viajar fora do corpo?

Sim, acho que qualquer pessoa pode. Talvez não "à vontade", mas sob certas circunstâncias. A maioria das pessoas já passou pela experiência de estar parcialmente acordado e tentar se mexer, e é como se não conseguisse; você fica paralisado. Ou tenta gritar, mas sente-se oprimido; nenhum som sai da sua garganta ou só um som muito débil. Isso é porque a alma saiu do corpo e ainda não voltou completamente, por isso as instruções do cérebro não chegam aos membros, embora o subconsciente esteja tentando fazer com que o corpo se mexa. Muitas pessoas entram em pânico e tentam forçar o corpo a reagir, o que ele acaba fazendo. No entanto, se você quiser sair do corpo, é justamente nesses momentos que você precisa relaxar; e em vez de tentar fazer seu *corpo* se mexer, diga a si mesmo conscientemente que você quer *sair* do corpo. Você sentirá e verá a si mesmo se elevando acima do corpo. Nunca se preocupe com a volta — nós continuamos ligados ao corpo por meio de uma espécie de cordão umbilical de energia, assim como os astronautas ficam conectados ao seu veículo enquanto vagam no espaço. O principal é não entrar em pânico, porque a emoção de medo é que puxa você de volta para o corpo antes que esteja preparado para parar e admirar a vista. Acredite, aconteceu comigo várias vezes! Por alguma razão, acho que meu irmão Harold gosta de brincar comigo quando estou fora do corpo. Ele tem um senso de humor muito estranho. Uma vez eu estava viajando fora do corpo e vi meu pai e Harold. Meu irmão parecia mais jovem, com cabelos pretos, como ele tinha muitos anos antes de falecer. Ele me disse, "Vemos você em breve!" Aquilo me gelou o sangue! O que ele quis dizer? Então meu pai sorriu e disse, "Não tão em breve assim".

Por que você acha que algumas pessoas têm medo de espíritos e outras são fascinadas por eles?

Na verdade, essa é uma pergunta interessante, porque eu sempre digo que as pessoas temem o que não conhecem, mas, quando penso nisso, vejo que a história não para por aí, uma vez que elas também têm um verdadeiro fascínio pelo que não conhecem. Acho que isso tem um apelo diferente para cada pessoa. Algumas simplesmente não gostam da ideia de conviver com espíritos. O que me faz lembrar de Brian, um antigo cliente que foi a uma das minhas sessões de autógrafos. Ele já tinha feito várias leituras comigo; foi um dos primeiros a vir à minha casa se consultar, muito tempo atrás, quando eu estava apenas começando a atender ao público. A nossa casa na época era uma caixinha de fósforos que John estava aos poucos ampliando. Quando construiu o hall de entrada, a primeira coisa que ele fez foi uma armação de madeira antes de demolir a parede; então basicamente havia essa "caixa", cercando uma janela onde ficaria a porta da frente. Tínhamos de entrar e sair pela porta dos fundos antes que essa parte estivesse pronta. Brian então chegou com a namorada. Nessa época eu fazia minhas leituras na sala de jantar, e tive de pedir que a namorada esperasse na sala de estar para que Brian tivesse a privacidade que queria durante a leitura. Infelizmente, a moça era um pouco medrosa. Tínhamos acabado de começar a consulta quando ela entrou na sala de jantar muito agitada, dizendo que tinha visto alguém acenando na janela da frente. Bem, não havia meio de alguém estar do lado de fora daquela janela, ela estava bloqueada pela estrutura do hall, por isso eu sabia que a pessoa era um espírito. Tentei dizer a ela que não era grande coisa, mas ela estava muito assustada. Então ela disse, "Brian, eu não quero ficar aqui! Quero ir embora agora!" Em seguida ouvimos um estrondo na sala de estar, como se alguém tivesse derrubado uma grande estante de livros. Quando fomos verificar, vimos, é claro, que não havia nada fora do lugar. O barulho era para chamar a atenção de Brian. O tio dele, que tinha morrido de AIDS e realmente amava o sobrinho, só queria que ele soubesse que ele estava ali. Brian ficou encantado. A namorada... nem tanto.

Outra cliente me contou que, quando a mãe morreu, ela não tinha nada de muito valor, que valesse a pena guardar, e também não havia muito de que minha cliente precisasse. Mas a mãe adorava cozinhar, então ela achou que seria uma boa ideia guardar de lembrança suas panelas e caçarolas. Um dia ela teve que dar uma corridinha até uma loja para comprar algo.

Foi uma saída rápida e ela acabara de entrar, quando viu a filha de 16 anos descendo as escadas. "Por que você estava batendo as panelas daquele jeito?", ela perguntou. "Eu estava prestes a descer e perguntar, quando você parou". Minha cliente disse, "Querida, que panelas? Eu acabei de chegar da rua". A menina ficou apavorada, mas minha cliente percebeu que devia ser a mãe dela só tentando chamar um pouco de atenção. Ela entrou na cozinha e disse, muito calmamente, "Mãe, por favor, não faça isso novamente, você está assustando a sua neta". Eu achei isso maravilhoso — as pessoas estão começando a perceber as coisas. Podemos simplesmente falar com os espíritos dos nossos entes queridos. É normal. Mesmo assim, percebo que isso é perturbador para aqueles que ainda têm dificuldade para aceitar.

Algum espírito já deixou você assustada de verdade?

Não assustada, no sentido de aterrorizada. Mas quando se trata de espíritos, não está em questão apenas o "fator medo"; também há o "fator surpresa". Nem todo mundo vê espíritos todo dia, mas, acredite, eu dou pulos enormes quando levo sustos. Nesse ponto sou como todo mundo. Como na ocasião em que estava dando uma voltinha fora do corpo e vi o rosto do meu irmão se aproximando cada vez mais de mim.

Eu realmente me assustei, porque não estava esperando vê-lo, e voltei automaticamente para o corpo. Eu me arrependo, porque adoraria saber o que ele queria me dizer, mas foi um reflexo mental. E com os espíritos também existe o "fator irritação". Eu morei na casa dos meus pais até me casar, aos 30 anos. Jamais morei sozinha e sei que nunca poderei morar. Seria horrível para mim. Sinceramente não tenho medo dos espíritos. Mas de fato muitas coisas estranhas acontecem à minha volta o tempo todo — luzes acendem e apagam, as torneiras abrem sempre que estou sozinha em casa. Se não houvesse outra pessoa morando comigo, para me dar apoio, manter meus pés no chão, acho que ficaria louca.

Só para você ter uma ideia, quando eu morava com meus pais, lembro-me de que uma noite fui tomar banho antes de dormir. Levei o pijama para o banheiro e deixei-o numa cadeira; depois do banho, eu me enxuguei e comecei a vestir o pijama. O único problema era que estava faltando a parte de cima. Eu tinha certeza de ter levado as duas partes para o banheiro, por isso imaginei que alguém estava me pregando uma peça, mas mesmo assim era irritante. Eu não fazia ideia de onde encontrar a blusa do pijama. Enrolei-me numa toalha e voltei para o quarto. Olhei em torno, mas não vi nada. Então me dirigi de novo ao banheiro e vi o pijama pendurado na maçaneta do lado de fora da porta. Eu tinha acabado de abrir e fechar essa porta, a caminho do meu quarto, e sabia que o pijama não estava ali. Se — por alguma razão — eu tivesse pendurado na maçaneta, seria do lado de dentro, não de fora. Eu *sabia* que não tinha pendurado. Não achei graça nenhuma na piada, mas sei que *alguém* achou graça.

Um dia, eu estava trabalhando no meu escritório e me levantei para ir ao andar de baixo. Estava no corredor do primeiro andar que leva às escadas. A TV estava ligada na sala de

TV e havia barulho na casa, e então, bem atrás da minha cabeça eu ouvi um sininho tocando — claro como um sino, sem querer fazer trocadilhos! Olhei para as escadas. Na parede que acompanha os degraus há algumas máscaras — elas são italianas, embora tenham sido presente de uma amiga do México. Uma das máscaras é um arlequim — como um coringa — e ele chamou minha atenção quando o sininho tocou. Eu me virei, mas não havia nada ali. Então voltei ao escritório e vi que a bonequinha que fica pendurada na janela — e que usa um chapeuzinho de bobo da corte com um sininho na ponta — estava caída no chão. O sino é realmente pequeno, por isso o barulho que faz não é muito alto. Mesmo se tivesse tocado quando a boneca caiu, não teria produzido um som tão persistente e eu não conseguiria ouvir do corredor — especialmente com a TV ligada. Sabia que tinha sido um espírito que tocara o sininho atrás da minha cabeça, achando que estava sendo engraçado.

Nem preciso dizer que sempre há um bando de espíritos perambulando pelo meu escritório, uma vez que é ali que ficam os meus clientes que vêm fazer contato com eles. Por isso sempre há um monte de coisas acontecendo ali ou nos arredores. Uma vez eu estava arrumando as revistas que ficam sobe uma mesinha de estanho prensado que tenho na sala de espera. Atrás de mim ouvi um barulho realmente alto — BUUUM! Meu coração quase saltou pela boca — achei que um quadro com uma moldura pesada tinha caído da parede. Quando me virei... nada. Nada fora do lugar. É impressionante o que eles são capazes de fazer energeticamente para produzir um grande barulho como esse. Não tenho ideia de como fazem isso.

Em outra ocasião, ouvi uma mulher rindo bem alto no corredor. Ah, meu Deus. O sangue me gelou nas veias. Eu sabia que era um espírito, mas, ao mesmo tempo, o som era apavorante e sinistro! Não, morar sozinha nunca funcionaria comigo.

Uma vez, quando eu tinha 25 anos, achei que deveria me mudar da casa dos meus pais. Eu estava determinada. Saí e encontrei um lindo apartamento, aluguei-o e tomei providências para deixá-lo do jeitinho que eu queria. Coloquei um carpete novo e comprei alguns móveis novos para deixá-lo bem bonito. Fiquei com esse apartamento durante nove meses, pagando o aluguel, sem nunca me mudar para lá. Eu *não conseguia*. Finalmente desisti, vendi a mobília e simplesmente continuei morando com meus pais.

Você já se sobressaltou com um espírito que se manifestou enquanto você estava fazendo uma leitura?

Na realidade, não, porque nesse momento estou mentalmente preparada para receber um espírito e não sei bem quem vai vir, por isso eu fico em modo de espera. Geralmente quando não estou pensando nisso é que me surpreendo — faz sentido, né? Em todo caso, quando estou fazendo uma leitura, é mais como se eu captasse um pensamento, e qualquer coisa visual é mais como a sequência de um sonho ou como pictogramas nas paredes de uma caverna, como os anasazi fizeram no Novo México. Se eu digo, "É alguém que tocava flauta", é porque eu vejo uma imagem de alguém segurando algo que parece uma flauta que ele está soprando. Eu fico ocupada montando um quebra-cabeças e eles tentam me comunicar algo específico — não estão brincando nesse momento.

Qual foi a história de fantasmas mais maluca que você já ouviu ou viveu?

A maioria das minhas histórias de fantasma não tem nada de muito extraordinário, considerando que falo com os espíritos regularmente. Mas, se não tem a minha experiência, acho que até mesmo um "fantasminha camarada" pode ser demais para você. Já ouvi algumas histórias malucas de fantasmas, mas uma das mais surpreendentes foi a história da casa de uma amiga minha. Ela é italiana, a primeira geração nos Estados Unidos. Seus pais vieram da Itália, trazendo os sete filhos, e eles chegaram sem um tostão no bolso. Por sorte, encontraram uma casa superbarata que puderam alugar. Embora não fosse grande o bastante para comportar nove pessoas, eles assinaram o contrato e se mudaram. Logo em seguida começaram a perceber coisas estranhas, barulhos e coisas assim. Mas logo aquilo deixou de ser simplesmente estranho e passou a ser realmente perturbador. (Eles descobriram por que a casa era tão barata!) Eles viam uma mulher sentada da beirada da cama; os pijamas da família sumiam e eles depois os encontravam dobrados com capricho no sofá, bem longe de onde tinham deixado. Uma vez o pai da minha amiga vasculhou a casa toda atrás da sua caixa de ferramentas e a encontrou no meio do porão — impossível, pois ele nunca a tinha levado ali; ele sempre a deixava perto da porta da frente, para poder pegá-la ao ir para o trabalho. Como qualquer um pode imaginar, a família percebeu que a casa era assombrada, mas não tinha dinheiro para mudar. Um dia, ouviram um barulho na cozinha e correram para ver o que era. Descobriram, então, que todas as portas dos armários estavam se abrindo e fechando sozinhas. Mesmo assim eles não tinham condições de deixar a casa, embora estivessem realmente aterrorizados. Por fim, a gota d'água: a família estava toda reunida na sala de estar, todos os filhos sentados no sofá e de repente o sofá literalmente se ergueu do chão! Ele levitou a uma altura de uns trinta centímetros do assoalho — com todas as crianças sentadas ali — e depois desabou no chão com estrondo: BUUUM! Toda a família ficou apavorada e eles finalmente perceberam que, não importava o quanto fosse difícil encontrar outra casa, não importava quanto lhes custasse, teriam que sair dali. Eles posteriormente descobriram que uma mulher tinha se suicidado nessa casa. Tudo o que eu posso dizer é: ainda bem que era ela alugada!

O exorcismo é a única maneira de expulsar espíritos indesejáveis?

Não, de maneira alguma. Muitas vezes o espírito quer apenas cuidar da vida dele, indiferente ao fato de sua presença estar ou não nos incomodando. Em geral, ele não tem intenção de nos perturbar — a maioria quer ficar perto dos entes queridos, não de um estranho. Às vezes ele fica preso e precisa de uma pequena ajuda para ir embora. Uma jovem que eu conheci em Nova York, amiga de uma cliente, tinha um interruptor de luz esquisito na cozinha. Ela às vezes tinha que fazer força para levantar o pino do interruptor, mas depois ele não descia de jeito nenhum. Não era nada demais, por isso ela não se preocupou em consertá-lo. Uma noite, ela estava ao telefone com uma amiga e de repente a luz se apagou. Nunca tinha acontecido antes, por isso a primeira coisa que lhe ocorreu foi que a fiação devia estar ainda mais danificada do que ela pensava e que seria bom dar uma olhada. Ela continuou ao telefone, pensando que precisava sacudir o interruptor ou algo assim e ver se o pino descia. Muito estranho. Geralmente era preciso fazer força para ele subir, e ele nunca tinha descido sozinho antes. Ela tornou a acender a luz e continuou conversando com a amiga, mas a luz voltou a se apagar! Dessa vez, quando viu que o pino do interruptor tinha descido outra vez, ela disse à amiga, "Acho melhor desligarmos!" Ela estava apavorada e decidiu ligar para um amigo, um clarividente que morava na Califórnia. Ela lhe explicou o que acontecia e ele disse, "Como não estou aí, se quiser posso pedir a um espírito que às vezes me ajuda para dar uma olhada no que está acontecendo". Seu guia (que se apresenta como um espírito do sexo feminino, embora na forma espiritual não tenhamos sexo) foi até o apartamento da jovem e avisou que havia um homem ali, que tinha morrido lá. Ela via água, portanto era provável que tivesse morrido na banheira. Ela convenceu o espírito infeliz a deixar o espaço da jovem — não antes que ele tivesse apagado a luz mais uma vez! É ótimo ter um amigo médium ou seu próprio amigo espiritual para cuidar dessas coisas, mas a verdade é que isso nem é necessário. Você só precisa se lembrar de que, sempre que quiser que um mau espírito o deixe em paz, só precisa mencionar o nome de Deus. É só dizer, "Afaste-se, em nome de Deus". Deus é a nossa maior defesa!

Quando você faz uma grande apresentação, existe algum tipo de ambiente que seja mais favorável para os espíritos?

O melhor cenário para mim é uma sala bem arejada e com muita luz. E não só para grandes apresentações — o escritório na minha casa é assim. Tenho janelões em duas paredes e uso uma mesa de vidro. Minha cunhada Choi explicou-me que a disposição dos meus móveis é compatível com o bom feng shui — a energia flui com mais facilidade em torno das coisas, não há nada atravancando, a energia está sempre em movimento, purificando tudo — nada fica acumulado ali. Basicamente, para mim quanto mais claro melhor — e eu gosto se há uma porta aberta por onde eu posso olhar. Os prédios mais novos em geral são os melhores. Os mais antigos foram construídos de modo a manter o calor; as janelas tendem a ser pequenas e, se são de pedra, a energia fica acumulada. Os espaços interiores desses prédios tendem a ser menores, por isso não é tão fácil circular por ali na forma física, muito menos na forma energética.

Quando comecei a atender ao público, às vezes as pessoas me pediam para ir às suas casas. E então preparavam o porão para mim — você sabe, chão de cimento, janelas altas, paredes grossas. Elas acendiam uma vela e achavam que eu ia ficar satisfeita com o cenário. Eu não tinha coragem de dizer que não era exatamente o ambiente mais favorável. Outra coisa que acontecia frequentemente era alguém fazer uma reuniãozinha na sala de estar e me deixar num cômodo no andar de cima, com uma janelinha e uma velinha, enquanto todo mundo lá embaixo comia petiscos e socializava. Nada divertido para alguém como eu, que gosta de ser o centro da festa!

Mas, independentemente do local, os espíritos ainda assim encontram um jeito de se manifestar e transmitir suas mensagens aos entes queridos; a diferença é que alguns apresentam mais desafios que outros. Quando eu fiz uma apresentação na cidade de Nova York, eles me colocaram num ginásio. Havia janelas, mas elas eram pequenas e estavam bem acima da minha cabeça; além disso, havia tapetes pendurados nas paredes — provavelmente para evitar que as pessoas se machucassem, mas para mim teve um efeito mortal (sem trocadilhos). Mesmo assim os espíritos fizeram contato. Fiz uma grande apresentação em Mayfair Farms num local absolutamente fabuloso. Mas era um salão de baile com paredes espelhadas que refletiam a energia e provocavam interferência nos microfones. Meu engenheiro de som, Chris, já está comigo há um bom tempo, por isso ele já viu de tudo. Ele disse, "Precisamos arranjar microfones à prova de espíritos!"

Se uma pessoa quiser convidar um médium para ir à sua casa, qual seria o cenário ideal?

Basicamente, o ambiente deve ser claro e tão aberto quanto possível — nada de porões, sótãos, nada fechado, escuro ou opressor. Ter muitas janelas é melhor; casas que têm muito aço ou pedra não são boas. Se se tratar de uma festa, não dê as boas-vindas ao médium com um copo de vinho. O álcool causa alterações tanto no corpo quanto na percepção mediúnica, portanto você não vai querer que ele beba antes ou durante as leituras — talvez só depois!

Quais foram as melhores coisas que os espíritos fizeram por você?

Boa pergunta! Eles me ajudam o tempo todo! Uma coisa excelente é que eles melhoram a minha imagem passando-me informações durante as leituras ou apresentações. Alguns deles também flertam comigo e fazem elogios — e, não, não é coisa da minha cabeça! Embora, para ser sincera, depois que fiz 50 anos eu venha recebendo elogios aonde quer que vá — até dos caras que já morreram! Na realidade, temos uma Sociedade de Admiração Mútua. Eles me dizem, "Concetta, você é nota dez!" E eu digo, "Vocês também, queridos!"

Eu realmente gosto quando sei que eles ajudaram outras pessoas — e isso acontece de tantas maneiras diferentes que nem sei por onde começar. Muitas vezes pode ser algo simples como fazer contato e deixar que alguém aqui saiba que eles estão lá, e nunca irão embora de fato, e assim trazem conforto. Tenho amigos queridos dos quais já falei no meu primeiro livro, os Barones: Rachele e Joseph, e os filhos, Antonio e Susie. Eu os adoro como se fossem da minha família. Eles têm um restaurante, The Top of the Park. A comida é fabulosa e eles são maravilhosos. Rachele e Joseph têm uma fazenda que John e eu gostamos de visitar. Estivemos lá na última primavera e havia cabritinhos recém-nascidos que pegamos no colo e afagamos — uma delícia! Rachele veio da Itália e tem sotaque — eu adoro imitá-la: "Concetta, prove só isso — eu sei que vai gostar". Mas ela também dá suas alfinetadas, quando diz, "Eu sei do que você gosta — de ravióli, bolsas Fendi e gente morta!" Rachele mudou-se para os Estados Unidos quando se casou, deixando para trás seus pais e seus tios favoritos, Zia Lucia e Zio Giulio. Algum tempo depois, Zia Lucia morreu e, um pouco mais tarde, Rachele estava se preparando para voltar para a Itália. Logo antes de ir, ela teve um sonho em que Zia Lucia lhe dizia para comprar uma gravata, que ela entendeu ser um presente para Zio Giulio. A tia enfatizou que a gravata devia ser de uma determinada tonalidade de azul e ter uma certa padronagem. O sonho era tão real que ela pensou, por que não? Ela foi às compras e, depois de algumas andanças, encontrou exatamente a gravata que a tia tinha mostrado no sonho e a comprou.

Ela a levou à Itália e deu-a de presente ao Zio Giulio. Quando viu a gravata, ele começou a chorar! Contou a Rachele que a última coisa que comprara para Lucia tinha sido um vestido do mesmo tecido e com a mesma estampa. Não era coincidência. Não tenho dúvida de que Lucia queria que seu amado Giulio soubesse que ela ainda estava ao seu lado.

Outra coisa superlegal que os espíritos fizeram pareceu-me mais um favor ao meu marido John, mas toda vez que eles ajudam um dos meus eu encaro como um favor pessoal. Alguns meses atrás, John e eu saímos para almoçar e fazer compras. Quando chegamos em casa, John percebeu que não estava com os seus óculos de leitura. Ele ficou muito chateado. Aqueles óculos estão entre as coisas que ele mais preza — são da grife Dolce & Gabbana, comprados em Paris numa das nossas viagens. Ele *adoooora* aqueles óculos e vivia dizendo que nunca mais ia encontrar nada parecido. Nós só tínhamos ido a dois lugares: a um restaurante pequeno e à Marshall's, por isso ele achou que bastaria fazer o mesmo trajeto e, com um pouco de sorte, ia achar os óculos. Ele voltou ao restaurante e disse ao proprietário em que mesa havíamos sentado, mas ninguém tinha encontrado ou devolvido os óculos. Em seguida ele voltou à Marshall's e olhou em todos os lugares pelos quais tínhamos passado em busca de camisas. Ele parecia um maluco — olhava embaixo das mesas, nos caixas —, mas não encontrou os óculos. Desanimado, voltou para casa e desmoronou na sua poltrona, arrasado. Mas você não conhece John. A perda dos óculos era só parte do motivo para ele estar assim. A grande verdade é que ele realmente estava ressentido com a espécie humana, pois tinha certeza de que alguém havia encontrado os óculos e pensado, "Uau, que óculos bacanas!" e simplesmente ficado com eles, e John nunca faria uma coisa dessas. Ele não conseguia entender como alguém podia pegar — ou até achar e simplesmente guardar — algo que não era seu. Tentei animá-lo e perguntei, "Você está bem?" Ele respondeu, "Estou bem". Mas ele não estava e eu não conseguia suportar ver John daquele jeito. Então voltei aos lugares onde estivéramos antes. Eu sabia que ele já tinha procurado, mas achei que talvez eu pudesse conseguir uma ajuda extra. Pedi ao Outro Lado, "Vamos lá, rapazes, vocês não podem dar uma mãozinha? John adora mesmo esses óculos. Que me dizem?" Eu voltei ao restaurante e perguntei novamente se por acaso ninguém tinha achado os óculos depois que John passou lá. Nada. Então fui à Marshall's. Olhei perto das camisas e até fui ao departamento de óculos, achando que talvez alguém tivesse achado os óculos e colocado no expositor. Nada. Para ser franca, eu não estava muito a fim de ir para casa e ver John naquela fossa, mas já não sabia onde mais procurar. Mais uma vez me dirigi aos espíritos e pedi, "Por favor, vocês não podem me dar uma dica? Por favor, me ajudem a achar os óculos!" Acabei indo para casa, estacionei o carro e, quando ia entrar em casa, ouvi um espírito sussurrando no meu ouvido, "Concetta, vire a cabeça". Eu olhei para a esquerda e lá estavam os óculos de John sobre uma pedra, perto da porta de entrada. Como eles foram parar lá, eu não quero nem pensar! Fiquei simplesmente deslumbrada. Adoro quando algo assim acontece. Adoro quando posso dizer a John, que ainda continua um pouquinho cético mesmo depois de viver tanto tempo comigo, "John, o que você vai fazer se eu lhe disser que o Outro Lado lhe trouxe exatamente o que você queria?" Eu nunca me canso disso. E John nunca ficou tão feliz!

Muitas vezes os desencarnados vieram em meu auxílio. Não falo de situações de perigo real — eu já falei da percepção extrassensorial, na verdade nossos protetores nos avisando que não devemos confiar em certa pessoa, pois ela tem más intenções. Refiro-me apenas a sair de uma saia justa. Uma vez John e eu estávamos viajando pelo Colorado, em 1995. Queríamos ficar num hotel antigo e belíssimo chamado Stratford, mas fomos tolos a ponto de não ligar para fazer uma reserva. Quando chegamos lá, ele estava completamente lotado. Era um feriado prolongado e não fazíamos ideia de quanto teríamos que procurar para achar outro hotel. O gerente foi muito gentil e pediu mil desculpas, mas sabíamos que a culpa era nossa por não termos planejado tudo de antemão. O Stratford tem um saguão antigo maravilhoso e decidimos nos sentar ali para pensar no que faríamos a seguir. Dissemos ao gerente que entendíamos que era improvável que surgissem vagas, mas que, se aparecesse alguma coisa, estaríamos no bar. Como era um prédio histórico, o saguão estava cheio de espíritos — exatamente o tipo de lugar que eu gosto de visitar, porque costumo ouvir histórias muito interessantes sendo sussurradas. Quando estávamos sentados, conversando, ouvi alguns espíritos me dizendo, "Não se preocupe. Vocês vão ter uma surpresa". Contei a John e ele disse, "É mesmo?" Sorrindo, eu disse, "Sim, senhor. Espere que vão nos chamar". Depois de alguns minutos, o gerente veio satisfeito até nós para avisar que tinham acabado de cancelar a reserva de uma suíte — que ele ia nos ceder pelo preço de um quarto comum, por termos sido tão simpáticos e pacientes.

Parece que os espíritos gostam de ajudar — por que?

Tudo bem, sei que nem todo mundo é igual — do Outro Lado somos tão únicos e individuais quanto somos aqui, por isso é provável que haja muitas respostas para essa pergunta. No entanto, vou fazer uma suposição e dizer: *porque eles podem.*

Como disse Henry David Thoreau: "Afetar a qualidade do dia, eis a mais elevada das artes". Não gostamos, todos nós, de fazer coisas legais para aqueles que são importantes para nós? Depois que estamos do Outro Lado, há muito mais gente importante para nós. Definitivamente, estamos ligados a determinadas almas de um jeito especial, mas também entendemos que todos somos um, e vemos a repercussão de todas as nossas boas ações. Do Outro Lado, os espíritos veem tudo claramente. Eles veem como todas as peças se encaixam aqui, quem fez o que para quem e por que. E eu realmente acho que eles gostam de reconhecer qualquer coisa legal que tenham feito por eles enquanto estavam na Terra.

Numa das minhas grandes apresentações em Nova Jersey, eu estava andando entre as fileiras de assentos, para falar com alguém que estava nos fundos da sala, mas me deparei com uma parede de energia, ou melhor, de som. É meio difícil de descrever, mas se tratava mais de um fenômeno "acústico" do que físico. Uma alma estava falando tão alto que eu não conseguia ouvir mais nada. Quando parei para ouvir, fiquei confusa. Eles detiveram o meu fluxo de pensamentos, como quando você está na rua falando com alguém no celular e passa por uma britadeira, uma ambulância ou um carro de bombeiros. Portanto havia um espírito muito poderoso que não queria me deixar passar enquanto eu não encontrasse o seu ente querido e deixasse que ele lhe transmitisse uma mensagem. Não demorou muito para eu identificar a esposa dele bem ao lado de onde eu tinha parado. Era uma energia muito estranha, muito vigorosa, talvez querendo fazer graça, mas sem conseguir, ou conseguindo de um jeito muito esquisito. Ele era uma figura. Queria que eu dissesse à mulher que ele estava agradecendo porque durante toda a vida ele tinha sido mal compreendido. Ela fora a única pessoa que havia conseguido realmente entendê-lo. De um modo muito real, ela o protegera. Muitas vezes ele tinha se envolvido numa situação delicada por causa de algo que havia dito ou feito e ela era quem tinha explicado e cuidado de tudo. Ela dizia, "Ele não teve a intenção, é o jeito dele. Ele tem um bom coração", e assim por diante. Ele sabia que a mulher sempre tinha feito isso por ele e estava agradecido. Queria ter certeza de que ela sabia o quanto estava agradecido. A poetisa Maya Angelou uma vez disse, "Aprendi que as pessoas esquecerão o que eu disse, que as pessoas esquecerão o que eu fiz, mas as pessoas nunca esquecerão como eu as fiz se sentir". Isso serve para mim também. Todos nós queremos nos sentir compreendidos e amados. E lembramos daqueles que nos fizeram sentir assim — mesmo depois que estamos do Outro Lado.

O que você sugere para que façamos deste um mundo melhor?

Eis uma das vantagens que os desencarnados têm — com a visão "aérea" que têm de tudo o que está acontecendo, podem ver o quanto é verdadeira a frase, "Tudo o que vai volta". Eles compreendem o karma, compreendem a beleza de uma boa ação ou de simplesmente ser uma boa pessoa e respeitar os direitos e sentimentos dos outros, valorizando o que se tem e não jogando as coisas fora impensadamente. Mas não temos que morrer para aprender isso! Precisamos apenas abrir os olhos, acordar! Tenho de dizer, pode não ser da minha conta, mas realmente fico de olho em gente mal comportada. Qualquer chance que eu tenha, falo em alto e bom som para a pessoa, *Você precisa tomar jeito! Precisa se organizar!* Eu não aguento quando as pessoas não têm consideração pelos outros ou pelo planeta. Todo dia vejo pessoas que não têm paciência com funcionários de restaurantes e lojas, que trabalham horas e horas a fio; motoristas que não dão seta; pessoas no final da fila que veem um caixa se abrindo, atiram-se na frente e insistem em dizer que chegaram antes daqueles que já estavam esperando há um tempão; pessoas que parecem não conhecer a palavra "Obrigado", gente que joga papel de bala e copinhos de plástico no chão, como se achasse que sempre haverá alguém para catar o lixo atrás deles; pessoas que param tão colados à entrada da garagem de alguém que é impossível tirar o carro de lá ou estacionam em frente da garagem, impedindo a pessoa de sair. Para eles eu digo, *Se liga! Preste atenção, faça deste mundo um lugar melhor!* Não tenho papas na língua. Vejo crianças com mãos sujas correndo atrás da mãe numa loja de departamentos, tirando as roupas das araras e digo que não é bonito fazer aquilo. Sabe da maior? As mães se viram para mim e, em vez de mandar as crianças catarem a roupa do chão e pôr de volta no cabide, elas me dizem, "Não fale com meus filhos desse jeito!" Eu então respondo, *Estas crianças se comportam muito mal e agora eu sei onde elas aprenderam a se comportar assim!* Tudo bem, eu não faço amigos toda vez que abro a boca..., mas talvez essas crianças pensem nisso, mesmo que a mãe seja um caso perdido. Talvez elas vejam outros exemplos diferentes dos que tiveram em casa, e percebam que agora só depende delas; cabe a cada um de nós fazer do mundo um lugar melhor.

Vou parar de fazer sermão — sei que não cabe a mim julgar. Mas é como vivo dizendo, não sou perfeita. Todos nós podemos melhorar com um pouquinho de esforço. Eu, pessoalmente, tento ficar aberta a críticas construtivas. Tudo depende de como elas são feitas — prefiro que seja de um jeito calmo e amoroso, sem gritos, palavrões ou violência física. Se a intenção da pessoa é me ajudar, eu aceito. Coloco o rabinho entre as pernas!

Por que não devemos julgar?

É uma loucura — todos nós fazemos julgamentos todos os dias, mas estamos de fato apenas julgando a nós mesmos e o único juiz verdadeiro é Deus. Sei como *eu* gostaria que as coisas fossem, você sabe como *você* gostaria que as coisas fossem. Sabemos que nossas opiniões não vão coincidir 100 % das vezes. Em resumo, as coisas vão ser da maneira que cada um as faz. E cada um de nós tem que cometer seus próprios erros. Se eu aprendo ao ver o erro de alguém a fim de não cometer esse mesmo erro, ainda assim vou cometer outro erro diferente — há muitas coisas por aí, várias lições para cada um de nós. Ao voltar da gravação de um programa de TV, eu vinha conversando com o motorista. Na verdade, estava desabafando sobre alguma coisa idiota que alguém tinha feito — uma mulher que era só sorrisos, mas fazia comentários maldosos quando a câmera não estava focalizada nela — e ele falou algo que eu achei realmente notável. Ele disse, "Concetta, nunca ache que você é mais inteligente que as outras pessoas. Sempre haverá alguém mais inteligente que você e sempre haverá aqueles que não entendem nada de nada — não importa qual seja o assunto. Usar a si mesma como medida para julgar a inteligência dos outros só vai causar decepção." Grande lição.

Mencionei inúmeras vezes neste livro que sei que não devo julgar ou que tento não julgar. É uma das coisas que sei intelectualmente, mas com a qual ainda luto. Penso que muitos fazem o mesmo.

Uma amiga minha começou a correr numa idade mais avançada. Ela gosta de meditar sobre todo tipo de coisa quando corre e uma das coisas que ela contou e eu gostei foi algo que lhe ocorreu ao fazer voltas completas em torno do reservatório do Central Park. Quando começou a correr, ela costumava se irritar se alguém a ultrapassava e ficar alegre se ultrapassava alguém. Finalmente ela compreendeu que nem ultrapassar e nem ser ultrapassada eram medidas válidas de comparação. Por que ficar feliz ao ultrapassar alguém que parecia 20 anos mais novo do que ela? A pessoa podia estar recomeçando a correr depois de um ferimento grave. Por que se sentir mal se alguém a ultrapassava na sua terceira volta? Essa pessoa podia estar só na primeira volta. Ela quase nunca sabia quando e onde outra pessoa tinha entrado na pista e não podia saber que distância ela havia percorrido para chegar lá ou se trouxera consigo uma mochila pesada. Qualquer julgamento feito sobre outro corredor e como ela se comparava a ele no momento da ultrapassagem era sem sentido. Em vez disso, ela percebeu que o simples fato de a pessoa estar na pista significava que havia ido lá para se esforçar, como ela mesma estava fazendo.

O mesmo acontece na vida. Estamos aqui participando do jogo do melhor modo que pudermos. Se vemos alguém deixando cair a bola, não quer dizer que ele seja sempre um mau jogador. Talvez tenha só torcido o tornozelo e mereça nossa compaixão, não nosso julgamento. O único que sabe o que acontece no âmago do nosso coração é Deus. O único que pode nos julgar é Deus.

E se não precisarmos de nada — mesmo assim nossos entes queridos vão ficar ao nosso lado?

Ah, sim! Eles têm o maior prazer em ficar conosco! Somos como televisão para eles. Adoram assistir aos seus filhos e netos. Adoram nos ver fazendo coisas novas, tentando resolver nossos problemas, nos apaixonando, brincando. Quando estou fazendo uma leitura mediúnica, eles me contam todas as coisas que adoram. Um avô me disse, por exemplo, que ele gosta de ficar atrás da netinha quando ela está estudando piano. Ele gosta de tentar fazê-la tocar no estilo antigo que ele adorava quando estava na Terra. Ou eles contam que gostam muito quando algum objeto que lhes pertencia é conservado e continua sendo usado. Uma avó talvez note que suas agulhas de crochê ainda estão guardadas, junto com todas as toalhinhas de mesa ou de lavabo que confeccionou. Elas podem ter uma manchinha ou duas, mas não faz mal. Foi ela que tricotou e alguém guardou; elas adoram isso. Parece uma coisa sem muita importância, mas significa muito para os espíritos. Eles adoram quando continuamos a usar coisas que deixaram ou lembramo-nos de tradições a que davam grande valor em vida. Você pode não saber, mas tradições ou coisas que uma alma adorava em vida e são cultivadas por um descendente têm um significado transcendental.

Os espíritos têm orgulho de suas realizações terrenas, das coisas que fizeram ou criaram em vida?

Claro! É como uma criança que vai para a escola e aprende algo que vai ajudá-la a conseguir um emprego melhor ou melhores oportunidades. Depois que estão com o diploma na mão, elas pensam em todo o esforço que fizeram para ganhá-lo. É importante para elas, uma grande fonte de orgulho. Elas se esforçaram e vão receber a recompensa. Nossas realizações aqui, sejam quais forem — seja criar um bom filho, escrever um musical para a Broadway ou fazer uma pesquisa que levou à cura de uma doença ou construir uma casa ou sei lá —, dão-nos orgulho, mas até mesmo isso é algo exterior, a parte visível de tudo que estava em jogo. Incontáveis pensamentos e ações. Tudo tem um significado; tudo é importante. E, no entanto, por mais significativas que as coisas sejam, as verdadeiras realizações são as realizações da alma, as maneiras diferentes pelas quais a pessoa cresceu espiritualmente por meio delas. E essas realizações estão entre o indivíduo e Deus.

Os espíritos dos nossos entes queridos podem nos aparecer em sonhos?

Eles certamente podem e fazem isso frequentemente. Pouco tempo atrás eu recebi um e-mail de uma mulher. Ela me contou que, na noite anterior ao seu último aniversário, ela estava deprimida. Não era uma data marcante, como fazer 30 anos ou 50, que algumas pessoas podem achar meio traumáticas; ela só tinha notado que estava envelhecendo e gostaria que sua mãe estivesse ao seu lado. Nessa noite ela sonhou que a mãe estava passando o verão em Portugal, como sempre costumava fazer. No sonho, o telefone tocou e ela reconheceu a voz da mãe. Empolgada, ela disse, "Mãe, você se lembrou!" e a mãe respondeu que nunca se esqueceria dela. Quando estava viva, ela sempre ligava para os filhos no dia do aniversário deles.

Como podemos saber se foi de fato uma visita do nosso ente querido ou só algo que sonhamos?

O fato de esse episódio que descrevi anteriormente ter sido breve e muito claro é uma forte indicação de que se tratou de uma visita. Se o seu sonho é enrolado, com cenas confusas que mudam repentinamente ou que contêm elementos bizarros como um elefante cor-de-rosa ou uma estrela de cinema numa roda-gigante, então é mais provável que seja "só" um sonho. Os psicólogos lhe dirão que você é todo mundo no sonho ou que todo mundo no sonho representa algum aspecto seu — é assim que colocamos em ordem os estresses do dia a dia; nosso subconsciente produz essas cenas para se livrar das coisas que nos incomodam. Muitas vezes, elas não fazem sentido nenhum para nós, na superfície, e precisam ser interpretadas para que passem a ter um significado. É muito fácil diferenciar esse tipo de cenário de uma visita de verdade. A visita de alguém do Outro Lado será impressionante e óbvia, breve e doce. Você vê uma pessoa real que você reconhece. Ela pode dizer algo, mas essas mensagens nunca são longas ou complicadas. Você talvez nem consiga ouvir o que ela diz — talvez só a veja mexendo a boca, mas não consegue discernir as palavras. Ou pode até vê-la só gesticulando. Nenhum elefante cor-de-rosa. Nenhuma estrela de cinema. Nenhuma interpretação necessária.

Um exemplo que me ocorre é uma cliente minha que me disse que, quando estava na faculdade, um pouco antes das férias de Natal, ela teve um sonho em que sua avó veio até ela e lhe disse que não estaria com a família no Natal, mas que minha cliente não precisava se preocupar, pois a avó estaria bem. Apenas isso. Uma mensagem clara e simples. Quando ela chegou em casa, a família contou que a avó tinha morrido na semana anterior. Eles não queriam que ela ficasse aborrecida enquanto estava fazendo os exames finais, antes das férias, então não lhe contaram sobre a morte da avó.

É normal um ente querido fazer uma visita num sonho antes de morrer?

Perto da hora da morte, não é incomum um espírito se separar do corpo e visitar um ente querido; e isso pode acontecer enquanto o ente querido está sonhando. Uma das minhas clientes me contou sobre uma noite em que o marido estava trabalhando e ela sabia que ele demoraria a chegar, por isso foi para a cama sem ele. Ela estava dormindo quando sonhou ouvir uma batida na porta. No sonho, ela se levantou e desceu até o andar de baixo, abriu a porta e viu o marido parado do lado de fora, usando um avental de hospital. Quando ela o fitou, ele disse, "Querida, vou para casa agora", e desapareceu. O sonho foi tão vívido e surpreendente que ela acordou e se levantou da cama. Depois vestiu-se, embora não soubesse ainda o que faria. Desceu novamente até o andar de baixo e estava sentada na sala de estar, quando ouviu outra batida na porta. Desta vez, ao atender, deparou-se com um policial. Ele lhe disse que o marido tinha sofrido um acidente e que a levaria até o hospital. Ao chegar lá ela viu que o marido estava vestido com um avental de hospital, tal como ela o vira ao atender à porta. Cinco minutos depois, ele morreu. Assim como havia lhe dito, ele foi para casa.

Existe uma religião que esteja mais correta do que as outras com relação ao Outro Lado?

Eu diria que não. No nosso íntimo, todos nós sabemos a verdade com relação a Deus e o Outro Lado. Todas as religiões são estruturas que podem nos ajudar a trazer à tona a verdade e torná-la consciente. Ao longo da história, a verdade foi distorcida. A espiritualidade é o caminho que liga o coração e a alma à essência de Deus. Por meio desse relacionamento, a verdade se fará conhecer.

Por que vivemos tão distantes do Céu, de Deus?

Enquanto estamos no corpo, o nosso foco é aqui, na matéria, onde nossos sentidos predominam. Estamos concentrados no que experimentamos, sentimos, compramos e vendemos. O nosso desafio é nos lembrar do espiritual, mesmo quando ofuscado pelo brilho do mundo terreno. Não é impossível, mas requer algum esforço. Perceba que Deus e seus anjos e todos os seus milagres nunca nos deixam sós e nunca deixarão. Para muitos, eles não são mais prioridade. Cabe a nós recuperar o fogo espiritual e reivindicar a nossa conexão.

Por que é importante descobrir nossa natureza espiritual?

É importantíssimo que percebamos que somos espíritos revestidos de carne. Quando nos conectamos com nosso espírito, restabelecemos a ligação com o verdadeiro eu. Se ficarmos focados apenas na mente mundana e nas emoções, corremos o risco de ficar presos a uma personalidade instável e insegura. Como disse um sábio, "Quando nascemos, somos espíritos encarnados. Cabe a nós, ao longo da vida, nos tornar corpos espiritualizados".

Por que você acha importante o trabalho que faz?

Espero que este trabalho ajude a dissipar as ilusões e a confusão que as pessoas têm a respeito do que a vida é realmente e do que significa a experiência humana. Se optarmos pela crença segundo a qual o ser humano só tem a ver com a "Terra", este lugar onde vivemos numa forma encarnada, e com outras coisas que podemos tocar e ver, continuaremos presos ao medo. Teremos muitos medos, problemas e perguntas não respondidas e tentaremos solucionar os problemas com recursos que não veem primeiro o amor (Deus) e que só adicionam mais karma ao nosso espírito. Mal, iniquidade, injustiça, atrocidades — tudo isso é "Satanás", ou qualquer que seja o nome que você dê (na tradição judaica, "Satanás" significa "o adversário", tudo o que vai contra o bem). Todas essas coisas existem neste mundo. O modo de desmantelar esses sistemas negativos é, para um número cada vez maior de pessoas, manter-se firme nos princípios da verdade e do amor. Abrindo a porta deste lado para o Outro Lado, temos acesso ao mundo de Deus e às Suas razões para este mundo. Quero que as pessoas saibam que nada é definitivo com relação à morte. Quero que as pessoas se sintam confortadas e com a sua confiança renovada; que vivam uma vida mais plena, sabendo que mesmo no "final" desta vida, nada realmente acaba.

Sonhar com os desencarnados é uma indicação de que eles estão realmente falando conosco?

Isso mesmo! Como nos encontramos num estado subconsciente, eles podem ter uma boa conversa conosco sem que entremos em parafuso. Quando estamos acordados, tendemos a nos apegar muito ao que achamos normal e possível — o que é uma visão incrivelmente limitada se comparada com a verdadeira realidade, com o que na verdade não é apenas *possível*, mas simplesmente *é*. Quando estamos nesse agradável estado de relaxamento, deixamos a realidade verdadeira da nossa unidade com o espírito simplesmente "ser", e os espíritos aproveitam essa oportunidade para se comunicar conosco.

AGRADECIMENTOS A

John Bertoldi, também conhecido como Johnny Fontaine, Juanito, e muitos outros apelidos que não posso mencionar: meu lindo marido, você me dá um imenso apoio e me conforta há 25 anos. Nossa vida juntos é tudo menos entediante! Graças a você conheci o amor verdadeiro. Obrigada, Juanito. Eu o amarei por muitas vidas.

Eleanor Ferrell, minha mãe. Meu coração está repleto de admiração por você e por tudo o que suportou na sua infância. Obrigada por ser uma mulher maravilhosa e fazer escolhas tão altruístas. Eu amo você demais.

Cornelia DiNunzio, também chamada Mushy: eu ainda me lembro daquela garotinha que encontrei há mais de quarenta anos. Passamos uma vida inteira juntas, dividindo alegrias e tristezas. Nem posso imaginar minha vida sem você, pois você me deu muito de si mesma.Você é e sempre será uma irmã para mim. Eu te amo.

Robert Ferrell: meu irmão, meu irmão bonito e doce. Eu sempre soube o quanto você é compassivo e gentil. Você sempre acreditou em mim e disse que eu podia conseguir. Obrigada por ver isso. Harold teria muito orgulho da vida que você construiu para si, assim como eu tenho. Eu o amo muito.

Choi Eng: minha cunhada, você é uma contribuição fantástica à nossa família. Obrigada por tudo que fez por nós todos. Deus a ama, assim como eu.

Elena Oswald, também conhecida como doce Elen baby: você não tem um pingo de maldade no seu corpo. Eu tenho muita sorte de tê-la na minha vida e na minha família. Você me manteve calma e serena enquanto estava na direção. O nosso relacionamento é precioso para mim. Eu a amo.

Madeline Krawse: minha querida amiga, eu agradeço a você e a Steve pelas muitas palavras gentis e as muitas risadas que compartilhamos nas noites de sexta-feira, ao jantar. Sair para ir até o lago e nadar com os patos, todas as coisas generosas que você disse e fez. Foi um grande dia aquele em que vocês entraram na minha vida. Eu amo demais vocês dois.

Stephany Evans, apelido Tex: minha querida amiga e agente, eu me lembro do dia em que nos conhecemos em 2003, aquele dia frio em Nova York, na Gersh Agency. Foi meu dia de sorte. Ainda me lembro da sua risada, que admiro até hoje. Eu amo você do fundo do meu coração. E lhe serei grata para sempre por ver algo em mim.

Ginger Grancagnolo, também chamada GG ou Gingerbread: eu peguei emprestados tantas palavras e pensamentos seus. Admiro a sua força e seu entusiasmo sincero. Nunca me canso das suas histórias ou das suas ideias sobre o Outro Lado. Eu a amo e adoro — a garotinha em você e a garotinha em mim são grandes amigas. Para sempre.

Rachele Barone: minha doce amiga italiana, é reconfortante saber que você se preocupa comigo. Eu lhe agradeço por me trazer comida quando eu não estava me sentindo bem e por todos os extras no jantar. O próprio som da sua voz faz com que eu me sinta em casa. Eu a amo muito.

Jéssica Bertoldi (Franchina): minha filha adotiva, passamos por muita coisa juntas. Eu guardo na memória a imagem de uma garotinha de rabo de cavalo, tão cheia de vida e madura para sua idade, com onze para trinta anos. Eu tenho orgulho de você e considero muito a nossa amizade. Obrigada por me chamar de mãe. Eu amo você.

Johnny Bertoldi Jr.: você se tornou um belo rapaz. Eu adoro os seus cartões de dia das mães. Se tivesse um filho, eu gostaria que fosse você. Eu o amo muito, querido.

Darlene Bertoldi: nós nos encontramos 25 anos atrás e já vimos muita coisa juntas. Agora você é adulta e tem seus próprios filhos. Estou orgulhosa de você e da mãe fabulosa que você é. Agradeço pelas muitas vezes em que você me ouviu e confortou. Eu te amo.

Lorenzo Franchina: meu genro, algumas pessoas entram na nossa vida um pouco mais tarde e é como se as conhecêssemos desde sempre. Obrigada por escrever aquele lindo poema para mim. Até então a única pessoa que me havia escrito um poema tinha sido meu pai — você está em boa companhia. Você não faz ideia do que isso significou para mim. Eu te amo.

Jennifer Pooley: minha editora chefe da HarperCollins, uma mulher de visão! Ficamos muito amigas e conversamos sobre nossas vidas, por isso sou muito grata. Obrigada por acreditar em mim. Desejo que a vida lhe reserve só o que há de melhor, sempre. Eu te amo.

Audrey Harris: minha agente de publicidade da HarperCollins, desde o início você só pensou no que era melhor para mim. Obrigada por todos os encontros e horários que me conseguiu — o seu trabalho é muito bem feito! Você teve paciência e demonstrou gentileza — o que significa muito para mim. Eu te amo.

Glenn Davish: você fez tanto por mim, e mal acredito na minha sorte. Agradeço por todos os momentos maravilhosos que passamos juntos. Espero com expectativa o futuro e as aventuras que ainda viveremos. Eu te amo.

Tim Ousey: obrigada pela geladeira cheia das minhas guloseimas preferidas e do pote cheio de doce — você pensa em tudo! Glenn tem sorte de ter você na vida dele. Eu tenho sorte de ter vocês dois. Eu te amo.

Jon Cornick: você sempre significou muito para mim. Amo você.

Sarah Self: com o seu interesse e as pessoas que me apresentou, você desencadeou uma corrente de acontecimentos na minha vida. Obrigada — nunca me esquecerei de você! Eu te amo.

Alexander, Julia, Isabella e Carmine, meus netos, tão doces e cheios de amor: adoro cada um de vocês e agradeço a Deus por tê-los na nossa família!

Bobbie Concetta, minha adorável e descontraída sobrinha: Sei que Papai, Harold e a Vovó Bacon estão velando por você de lá, enquanto velamos por você aqui. Amo você demais, e sempre amarei.

Gianna, Julia, Nicolas, Shane — todas as muitas crianças que tenho a sorte de me chamarem de Tia Con: amo todos vocês e desejo que Deus os proteja e faça com que todos os seus sonhos se tornem realidade. Amo vocês demais.

A minha *publisher* Carrie Kania e a Michael Morrison, obrigada por sempre me dizerem sim. E para a minha equipe da HarperCollins: Cal Morgan, Jennifer Civiletto, Hope Innelli, Nicole Reardon, Jennifer Hart, Alberto Rojas, Carolyn Bodkin, Samantha Hager-baumer, Dori Carlson, Justin Dodd e Melissa Bobotek, obrigada a vocês todos pelo trabalho dedicado e por apresentar meus livros ao mundo. Amo todos vocês.

Aos meus incontáveis clientes que compartilharam suas vidas, famílias e histórias comigo, sou eternamente grata e sempre serei. Obrigada por acreditarem em mim e se importarem comigo. Prometo que sempre cuidarei de todos vocês. Com todo o meu amor.

um
livro
.com.br